上馬キリスト教会ツイッター部の

キリスト教って、

本格的すぎる入門書
には尻込みしてしまう
人のための超入門書

何なんだ？

著 MARO（上馬キリスト教会ツイッター部）

ダイヤモンド社

はじめに

皆様こんにちは。もしかしたら「こんばんは」かも「おはようございます」かもしれませんが、いずれにせよごあいさつを申し上げます。この本を手に取っていただいて、とても嬉しく思います。

さていきなりですがこの本は、キリスト教がどんなものかを知るための入門書……ではありません。世の中にはキリスト教の「入門書」がすでにたくさんありますけれど、その多くが「いやいや、これでもまだまだ難しいよ」とか「退屈で途中で挫折してしまう……」とか読む人に感じさせてしまうものです。

もちろんそれらの本はとても素晴らしい本です。挫折せずに読めれば非常に楽しくもあります。が、その楽しさや素晴らしさに到達するためのハードルはなんやかんや言ってまだまだ高め……。

と、いうわけで、皆様が手に取ってくださっているこの本は、そんな「入門書」を読む前に、キリスト教の基本的なところをざっくり知っておくための本、**「入門書のための入門書」、言わば「超入門書」です。**本書ではなるべくざっくりと、なるべく楽しく、キリスト教の基本を説明していこうと思います。気軽に読んでいただければ幸いでございます。

申し遅れましたが、私は東京都世田谷区にある上馬キリスト教会の一信徒、MAROと申します。牧師でも神父でもありません。ただのしがないキリスト教徒(クリスチャン)です。……と、これだけでは何者か分からないのでもう少し言いますと、「上馬キリスト教会(@kamiumach)」というツイッターアカウントを運営する「まじめ担当」と「ふざけ担当」のまじめの方です。

「笑いながら聖書に親しんでもらう」をコンセプトにツイッターを始めたのは、2015年の2月のこと。そこから聖書や神様のことを140字で親しみやすく面白く紹介していましたら、なんとありがたいことに今では10万人を超えるフォロワーさんにご覧いただくようになり、縁あって本まで書かせていただくようになりました。

私たちのツイッターのフォロワーさんは、クリスチャンの方だけではありません。むしろ、ノンクリスチャン（キリスト教徒ではない人）の方の方が多いくらいです。そしてときには「聖書って意外と面白い！」「聖書のこと、もっと知りたい」といった嬉しい感想をいただくこともあります。

どうやら世間では「キリスト教」＝「まじめ」とか「神聖なもの」というイメージを持つ方も多く、ちょっと近寄りがたく思われているようです。

それなのに私たちのツイッターは

「アーメン」を現代語訳すると「それな」、関西弁訳なら「せやな」ではなく「ほんまそれ」

#いいにくいことを言う日　たまには日曜日に遊びたい。

なんてとびきりゆる〜くふざけたことばかりつぶやいていたものですから、新鮮で面白がっていただけたのかもしれません。

実は意外と面白いんです、キリスト教って。キリスト教ってすぐに「信じなさい」とか言われるイメージがあるかもしれませんが、この本ではそんなことは言いません。まずは少しでも興味を持ってくださった皆様にキリスト教のことを知って欲しい。そんな気持ちでこの本を書いています。

そもそもですが、皆様、キリスト教って知っていますか？　キリスト教は、知名度でいえば宗教の中でもダントツでしょう。しかも皆様はこの本を手に取ってくださっているわけですから、恐らくはほとんどの方が「知ってるよ」と答えるのではないかと思います。

いくら「世界一キリスト教が普及していない国」と言われる日本でも、キリスト教の存在を知らないと言う方はほとんどいません。クリスマスやバレンタインといった祝日、西洋絵画やクラシック音楽といった文化など、日本でも「キリスト教的なもの」に触れる機会は多いですからね。

しかし少しだけ質問を変えて「キリスト教ってどんな宗教ですか？」と聞かれたら、

どうでしょう？

「イエス・キリストの教えを守ってる宗教？」「クリスマスをお祝いする宗教？」と、一気にずいぶん曖昧な答えになってしまう方が少なくないのではないでしょうか。

存在と名前は知っていても、「中身」となると実は案外知らない、というのが多くの日本人のキリスト教観のような気がします。

この本のタイトルの『キリスト教って、何なんだ？』の「何」の部分は、この「中身」のことを意味しています。つまり本書は、キリスト教がどんな宗教なのかを皆様に説明するための本でもあるんです。

書店に行けば、そういう目的で書かれた本もすでにたくさん出ています。このことはクリスチャンとしても嬉しいことです。私たちのアイデンティティについて知りたいと思ってくださる方が増えているということですから。

けれども、それらの多くはクリスチャンでない方が「教養として」書いた本であり、いわば、「外側からのキリスト教」を記した本です。

そういった「外側からのキリスト教」と、実際にそれをアイデンティティとしてい

るクリスチャンの「クリスチャンとして生きている感覚」は、実はずいぶん違うものなんです。そして「内側」の人たちは「外側」からの視点に、違和感を覚えていたりします。

では、もしも「内側」にいる私が見ているキリスト教の中身を、楽しく分かりやすくお伝えできたら、それは皆様にとって新しい視点になるのではないか。そう思ってスタートしたのが、この企画です。

しかしながらごめんなさい。この本はあくまで私MARO個人の視点で書くものですから、所属している上馬キリスト教会の公式見解ではありませんし、ましてすべてのクリスチャンの統一した解釈でもありません。「このように信じている信徒が一人いる」と、最終的にはそれだけの意味しかありません。その点はご了承ください。クリスチャンにもいろいろな教派や考えがありますから、実は「これが正しい公式見解!」という「完全な正解」はないんです。でもむしろだからこそ「公式でない、牧師でもない一信徒だからこそ書けるリアルなクリスチャン像」を書ければ嬉しいなと思っていますし、それこそが皆様の「ハードルを下げる」一助になるのではないかと思っています。

たとえば「街のバーで一人で飲んでいるクリスチャンがいたから話しかけてみたらこんな話をされた」くらいのイメージで読んでいただけるとちょうどいいかもしれません。(え？　クリスチャンってバーでお酒飲んだりするの？　教派によりますが少なくとも僕の教会ではOKですし、実際僕はこの本でこれから書くようなことをときどきバーで飲みながらお話ししたりしています。)

さらに身も蓋もないことを言いますが、聖書を学ぶ、キリスト教を知るためにいちばん有効な方法は**どんな良い本を読むことよりもまず「教会に行ってみる」こと**です。どんなことでも、現場で感じてみなきゃ分からない！　ってことはありますよね。

残念ながら、書物や言葉だけでキリスト教のすべてを説明することは不可能なんです。聖書を一人でどれだけ熟読したとしても、そのすべてを理解することは不可能ですし、どれだけ参考文献を調べても、やはりすべてを理解することはできません。

ですけれど、知識のとっかかりがなければキリスト教のことは永遠に分からずじまい。教会に行こうなんて気にもなろうはずがありません。だからこの本では、とことんとっつきやすく、ハードルを下げた文章を心がけています。

それでもし、皆様の中のどなたかが、この本を読んで「一度教会に行ってみようかな」とか「聖書を読んでみようかな」とか思ってくださったならば、それだけで望外の幸せでございます。


さて、この本は3部構成で書こうと思います。

第1章は「ざっくり知るキリスト教」として、キリスト教を知る上で基礎的かつ不可欠な概念を大雑把ながらまとめていきます。「クリスチャンって何を信じているの？どんな生活をしているの？」という疑問にお答えする内容です。

第2章は「クリスチャンから見た世界」として、私たち現代のクリスチャンがどんな風に聖書の教えを日常に生かしているのか、また、生かせる可能性があるのか、そんなことを語ろうと思います。実際にクリスチャンに「どうして信じているの？」なんて尋ねにくいですもんね。

キリスト教圏から来る外国人と接するのにも重要なヒントが隠れているかもしれませんし、クリスチャンとして生きる気のない方でも「お、この考え方は良いな」なんて思えるところがあるかもしれません。

第3章は「ゆるーくたどる聖書ストーリー」として、普通に読んでもなかなかとっつきにくい聖書のストーリーを読みやすく親しみやすくダイジェストいたします。これで聖書の大まかな流れと大雑把な内容は把握していただけるかと思います。

牧師さんや神父さんのメッセージは原則として聖書を土台になされていますから、これを読んでいただくと、実際に教会に来て礼拝に参加してみたときに、お話を聴いて「あ、このシーン知ってる！」ってなる可能性はかなり上がるかと思います。

そんな感じに進めて参りますので、お付き合いいただけましたら幸いです。

あの、かしこまって正しい姿勢で読まなくて大丈夫です。ソファでくつろぎながらとか、ベッドで横になりながらとか読んでいただいて大丈夫です。コタツで読んでいたらいつの間にか寝てしまったなんてことがあっても誰も気にしません。分からないところだとか、なんとなく腑に落ちないところがあったりしたら、そこは飛ばしてしまったって構いません。

ほんの少しでもこの本で、皆様のキリスト教やクリスチャン、聖書に対する「ハードル」を下げることができたら、目標達成です。

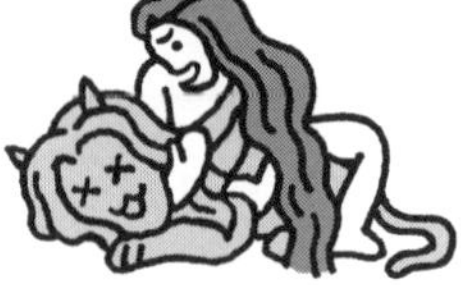

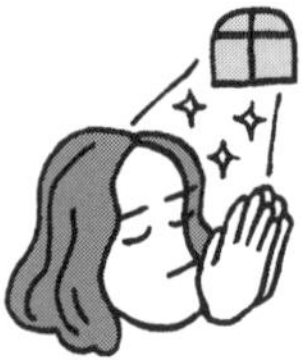

第1章

ざっくり知るキリスト教

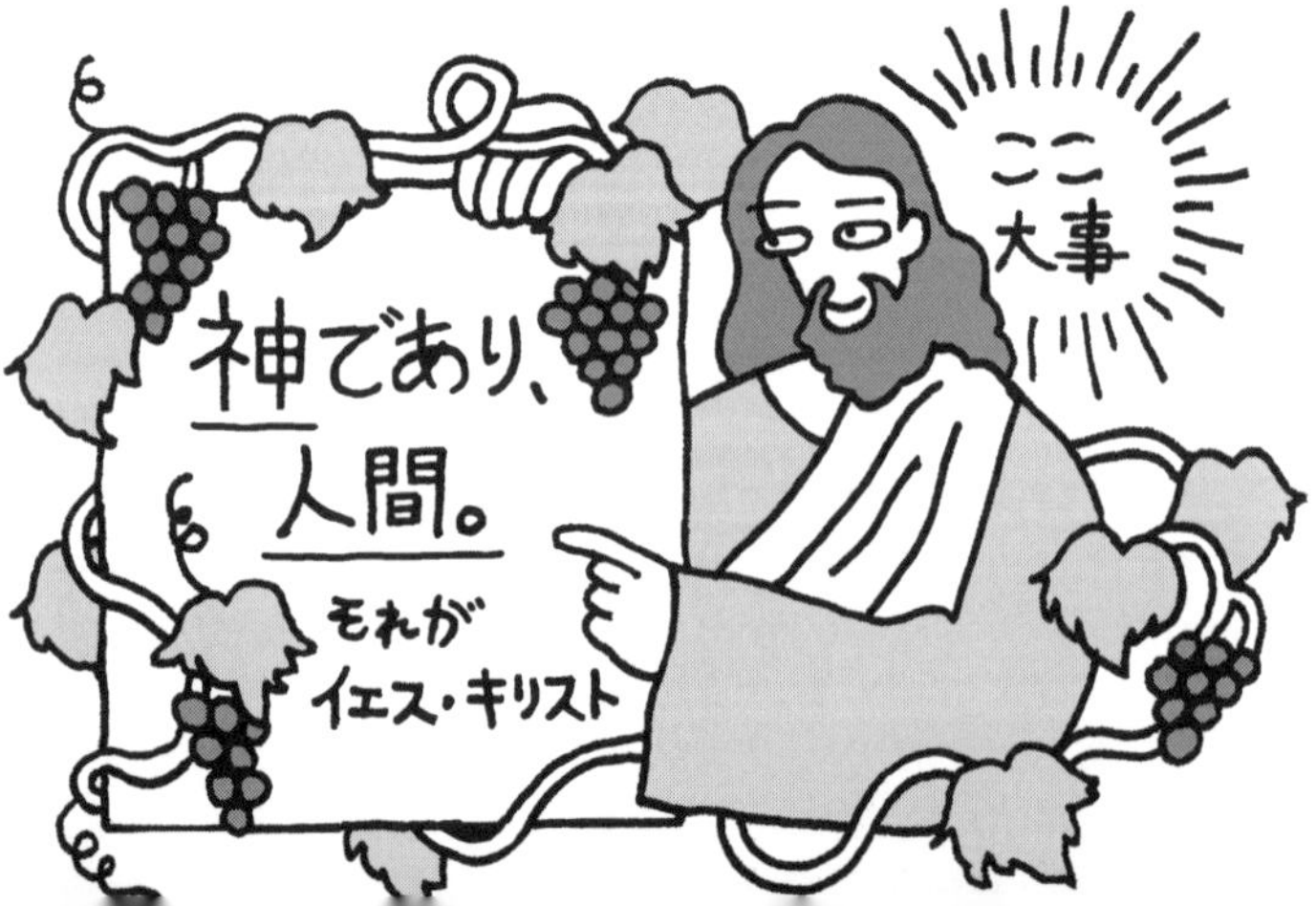

ここ大事
神であり、人間。
それが
イエス・キリスト

COFFEE
KINPIRA
DIARY

第2章 クリスチャンから見た世界

PLAN
DO
CHECK
ACT

WHAT?
不明!!

なんで？
どうして？
WHY

HOLY
BIBLE

第3章

ゆるーくたどる聖書ストーリー

Z Z
Z Z Z
BIBLE

この本のルール説明

「はじめに」にも書きましたけれど大事なことなので重ねて書きますが、「キリスト教について知りたい。ざっくり説明してくれ」と言われても、これは実はなかなか難しいことなんです。

と、いうのもキリスト教には様々な教派があります。「カトリック」と「プロテスタント」があるというのは多くの方がご存知だと思いますが、この二つのほかにも正教会をはじめ、様々な教派がありますし、プロテスタントの中でも様々な分派があります。もちろんカトリックとプロテスタントの間でも解釈の相違があります。それどころか同じ教派内でも牧師さんや神父さんによって解釈が違ったりさえします。

ですから「これが正しいキリスト教！」とは、なかなか言えないわけであります。どう説明しても、「いや、それは違うと思う」と別の意見が必ず生じます。

でも、それは当たり前のことと言えばそうなんです。なぜなら**神様のつくり賜《たも》うたこの世界の真理は、人間にすべて知ることはできない**からです。それは聖書にもそう書いてあるんです。ですからキリスト教を完全に理解して完璧に説明できる人というのは、この世界には存在しないんです。

……と、いうわけで、無理です。はい、この本終了‼　残りのページはぬり絵コーナーでお楽しみください‼

………ウソです！　ウソですよ‼　怒らないで！　ページを破らないで‼

そういった前提はありますが、それでも何とか少しでも皆様に分かりやすく親しみやすく、これからキリスト教を説明してみようと思います。そのために、この本の「ルール」をいくつかお伝えしたく思います。

RULE 1

とてもざっくりです

キリスト教や聖書のすべてをこの本一冊で説明しきることは不可能です。ですからこれから書くことは「ハイライトを要約して、さらにそれをかいつまんだやつのサワリ」くらいです。

聖書のあらすじくらいはなんとなく分かるくらいには書きますが「これ一冊で聖書マスター！」「今日からあなたもキリスト教博士！」というわけには参りません。

また、すでに聖書に詳しい方にとっては「ここの説明がなきゃ困る！」とか「ここんとこの記述が薄い！」とか多々あると思いますが、はい、大人の事情です。ページ数の都合があるんです。と、いうことでご容赦くださいませ。

RULE 2

「これが正しい」というわけではありません

先ほども書きましたように、人間には「完璧にキリスト教を知ること」は不可能ですし、当然「完璧に正しく記すこと」も不可能です。まして僕は牧師でも神父でもない一介の信徒です。

ですから「この本が正しい！」とは決して言えません。皆様もこの点はご了承の上「ある一人のクリスチャンの捉え方」としてお読みいただければ幸いです。

……と、いうわけで賛否両論、きっとたくさんのお叱りやご指導をいただくであろうことは覚悟の上で、誠に僭越至極ながら、筆を執らせていただいている次第です。

RULE 3

ときどきふざけたり、突然ゆるくなったりします

今まで聖書やキリスト教に触れたことがない方にも、できるだけ親しみやすく伝えるために、できるだけ砕けた文体で書きますし、ときどきふざけたり、急にゆるい発言を入れこんだりもします。

決してキリスト教や聖書を笑いものにしているわけではありません。それは酸っぱいヨーグルトに砂糖を入れるようなものです。

RULE 4

疑問を持ってもらえたら嬉しいです

この本は多少は難しいことも書くかもしれませんが、基本的に「キリスト教初心者」

の方向けの本ですから、難しいことにそれほど深く踏み込みはしません。

ですからもしこの本で「難しいこと」に出会ったら、それは「難しい本」で調べてください。あるいは聖書そのものに答えが記されているかもしれません。

いずれにせよ、この本で聖書やキリスト教について疑問を持ってくださる方がいるなら、それは嬉しいことです。興味って、疑問なしには深まらないものですから。

聖書って「疑問を持ってはいけない」本ではありません。疑問や、ときにはツッコミを入れながら読んだって良いんです。

「ルール説明」は以上です。

ではさっそく次のページから、キリスト教の説明を開始したいと思います。細かいことは適宜置いておきつつ、ざっくりとゆるく突き進む所存です。よろしくお付き合いくださいいませ。

第1章

ざっくり知る
キリスト教

「キリスト教って、
実際何をどんな風に信じている宗教なの?」
という疑問をお持ちの方も多いと思います。
と、いうわけで大ざっぱに概要をまとめてみました。

キリスト教って、何なんだ？

「キリスト教」を成立させる3項目

いきなりですが。

「キリスト教ってどんな宗教？」という質問に対して、**「これこそがキリスト教である」と「絶対の正解」を提示することは、少なくともこの本ではできません。**

最初っからそんなことを言ってしまったら「じゃあこの本は何のための本なんだよ！」とツッコまれてしまいそうですけれど、でも聖書にも「分からないことは分からないと言え」と書いてあるので、正直に言ってしまいます。

実は同じ「キリスト教」でも、教派によって「この教義がなくてはキリスト教とは言えない！」とか「こんな教えはキリスト教とは言えない！」といったぐあいに、定義の違いがあるんです。

これは「カレーライスってどんな食べもの？」という問いに対して「絶対の正解」がないのに似ているかもしれません。「ビーフカレーしか認めない！」っていう人もいるでしょうし「ニンジンを入れるのは許せない！」とか「トロみのないカレーはカレーじゃない！」とか、皆さんいろいろな答えを持っていたりします。

しかしそれでも、それぞれの「カレーライス」を集計してみれば、やっぱり「みんなに共通する条件」は出てきます。たとえば、こんなふうに。

唐辛子・ターメリック・クミンなどのスパイスを混ぜたいわゆる「カレー粉」で肉・野菜などを煮込んだものに、ごはんが添えられた料理。

同じように、「キリスト教の定義」も多種多様なものがありますが、そこにある共通項を出してみれば、次のようなことが言えます。

・イエス・キリストを唯一の救い主であり、神であると認識している。
・「三位一体」という概念を大切にしている。
・聖書を唯一の正典としている。

たった3項目でシンプルにも思えますけれど、実はこの3項目はそれぞれとても難しいことを言っています。偉い学者さんや牧師さん、神父さんがちゃんと解説すれば、それぞれ何冊もの分厚い本が書けてしまうほどのものです。

しかもたとえその分厚い本をいくら読んだとしても、それだけではこれらのことを完全に理解するのは不可能なんです。これらのことについては実際に教会に行って話を聴いたり、聖書を読んだり、クリスチャンとして実際に生きてみたりして、初めて分かってくることがたくさんあります。

聖書にも「聖書の真理は、自分の力で分かろうとしても無理。神様（聖霊）に教えてもらうことでようやく分かるのだ」と書いてあるんです。

何に対して祈るのか？

さて、冒頭からいきなり「三位一体」とか「聖霊」なんていう難しい言葉が出てきてしまいました。これは実は大変に難しい概念なんですけれど、ある程度は意味が分からないとこの先の話も分かりにくいと思いますから、ここで「子なるイエス」「父なる神」「聖霊」「三位一体」について簡単に説明することにしますね。

キリスト教では「父」「子」「聖霊」を等しく神として礼拝や讃美の対象とします。このことを「三位一体」と言います。

子なるイエス

「キリスト教」というくらいですから、まずはこの方について説明しないと始まりませんよね。**そうです、イエス・キリストです。**

ここ大事
神であり、人間。
それがイエス・キリスト

そもそも「キリスト」とはどういう意味でしょう？　ときどき、「イエス様の名字でしょ？」とおっしゃる方もいらっしゃるのですが、当時のイスラエルの社会ではそもそも名字という概念がありません。人々はみんなほとんど下の名前しか持っておらず、それで同じ名前の人がたくさんいてややこしいので、出身地や親の名前で区別していました。

イエス様はナザレという場所で育ったので「ナザレのイエス」と呼ばれていました。**「キリスト」とは「救い主」という意味の言葉で、「イエス・キリスト」とは「救い主イエス」という意味になります。**

また、「イエス様ってキリスト教の教祖で

しょ？」と思っている方もいらっしゃるかもしれません。それは完全に誤りとも言えませんが、正しいとは言えません。**なぜならキリスト教においてイエス様は「教祖」や「開祖」ではなく「神そのもの」だからです。**

ここで大切なのは、**イエス様は神でありながら人間として生きたということです。**架空の人物ではなく、実際に歴史上に存在したんです。そして、**私たちの身代わりになって、十字架で死に、復活した。**これがキリスト教のキリスト教たる所以、江戸城本丸、一丁目一番地の教義です。

父なる神

イエス・キリストは神そのものであると説明しましたが、しかしイエス様は「神の子」とも呼ばれます。「子」であるならば「親」がいるわけですが、それは一体どのような存在なのでしょうか。

イエス様の親である「父なる神」は、皆さんが「神様」と聞いてまずイメージするものに最も近いかもしれません。この「神様」は「唯一である」「万物の創り主である」

「全知全能である」「人格がある」などの特徴をもっています。「人格がある」というのは「人間と同じように喜んだり怒ったり悲しんだりする」ということです。

そしてもう一つ何より重要なのは、父なる神も存在しているということ。概念としてではなく本当に「いる」んです。

聖霊

海外の映画なんかを見ていると「父と子と聖霊の名によって……」とお祈りするセリフを聞くことがあります。父と子については、ここまででなんとなくお分かりいただけたかと思いますが、最後の「聖霊」とは何でしょうか。

聖霊は少し分かりにくい存在で、実はクリスチャンでもピンと来ていない人がいたりします。

まず、聖霊は「精霊」ではありません。日本人だとよくこの漢字ミスを犯しがちなのですが、ゲームやアニメなんかで出てくる「火の精霊」とか「水の精霊」とかのいわゆる「妖精的な何か」を想像してしまうと間違いです。

聖霊とは文字通り、聖なる霊です。あるいは神の霊とでもいうべきもので、原則として目には見えません。

そして、**父と子と同じく、聖霊も「神そのもの」です。**私たちに直接語りかけ、私たちの人格に触れ、私たちに力を与え、私たちを救いへと導いてくれる存在です。クリスチャン一人ひとりはこの聖霊の宿る「聖なる宮」であるとされていて、祈りや、聖書や神様についての理解を日々助けてもらっています。

「三位一体」を理解するためのキーワード

ここまで「父」「子」「聖霊」についてそれぞれ説明してきましたが、これでやっと「三位一体」の話ができます。

「三位一体」というのは、キリスト教で最も大切な概念の一つです。この「三位一体」を外しているならば、それがどんなに聖書やイエス様について語っていてもキリスト教とは言えません。それほどに大切な概念なんです。

しかしそれだけ大切なものですから、僕のような一信徒が軽々しく「僕が詳しく解説します!」なんて扱えるようなものではありません。

ですから、ここでは「キーワード」だけ提供しようかと思います。**それは「一つで三つ」です。**

三位一体という言葉は、日本では多く誤解されてしまっています。たとえば政治家が「三位一体の改革!」と言った場合、三つの改革を成し遂げることで一つの大きな成果を得る、というような意味ですし、特撮ヒーローものか何かで「俺たちは三位一体なんだ!」なんてセリフが出てきた場合、それは三人の主人公が力を合わせて敵と戦う的な意味のことが多いですよね。

しかし三位一体とはそのような「三つで一つ」的な意味の概念ではないんです。そうではなく「一つで三つ」と言う方が正しいんです。

「父」と「子」と「聖霊」の三つが合わさって「**神**」になるのではなく、「**神**」が「父」と「子」と「聖霊」という三つの「あり方」をする。

三つではなく一つなのである。

というのがポイントです。
これは本当に理解するのも説明するのも難しい概念です。また必ずしも「論理的に」説明できるものでもありません。

神様って論理で説明しきれるような存在ではないんです。論理はたしかに神様から人間に与えられた有用なツールではあるのですが、万能ではありません。また人間は物理的にも時間的にも限界のある有限な存在ですから、全知にもなれなければ全能にもなれません。

このことを考えると、そのたびに「知りたいと思う気持ちは大切だけれど、そこは君たち、謙虚になることも覚えなくてはいけないぞ」と神様に諭されているような気持ちになります。

この本では**「三つで一つではなく、一つで三つ！」**と、これだけでも覚えていただければと思います。

「教派」が分かれていったわけ

さて、先に挙げた「三つの共通項」を含むのが、本書における「キリスト教」の定義ですが、その中にはじつに多くの「教派」があります。**カレーライスにいろいろな種類があるように、キリスト教にもいろいろな教派があるわけです。**

最も多くの方が知っている教派は、何といっても「**プロテスタント**」と「**カトリック**」でしょう。※そしてもう一つ、「**正教会**」という大きな教派もあります。正教会は少なくとも日本ではあまり一般的には知られていませんが、世界的にみれば非常に大きな教派です。

この三つの教派がどのように成立したか、大ざっぱに説明しますとこんな感じです。

まず、イエス様とその弟子たちが建てた「キリスト教」がありました。

後にキリスト教はローマ帝国の国教になりましたが、このローマ帝国が東西に分裂。そのため、教会も東西に分かれることになりました。

やがて東西の教会は別々の教義を持つようになり、1054年にそれぞれの教会のトップがお互いに「君らはキリスト教じゃない」とケンカ（相互破門）して、「東方教会」と「西方教会」に決定的に分裂しました。これを大シスマといいます。「大シスマ」という言葉は世界史の教科書にもたぶん太字で書いてあります。ちなみに、「シスマ」とはラテン語で分裂という意味です。

この**「東方教会」**が今の**「正教会」**で、ロシア正教・ギリシア正教などの「〇〇正教」と呼ばれる教派です。

「西方教会」はその後、有名なマルティン・ルターさんの宗教改革により、**「カトリック」**から**「プロテスタント」**が分かれました。

この三者はとても仲の悪い時期もありましたが、今ではいろいろ違いはありつつも「まあ、でもお互いにキリスト教だよね、僕たち」くらいには仲良しになっています。

※　キリスト教の教派はこのほかにもありますが、複雑になるのでここでは大きく三つに分けてお話ししています。

ざっとまとめれば「東が正教会、西がさらに分かれてカトリックとプロテスタント」ということです。

「カトリック」と「プロテスタント」はどう違う？

教派の成り立ちが分かったところで、「で、教派によって何が違うの？」という疑問を持たれる方もいらっしゃることでしょう。

いちばんよく質問されるのは「カトリック」と「プロテスタント」の違いです。先にお話ししたようにどちらも「西方教会」の教派ですが、違いはいろいろあります。

まず大きな違いがローマ教皇の扱いです。カトリックではローマ教皇を教会のトップであり、特別な存在であると扱いますが、プロテスタントでは「人間は神様以外みんな同じ」と考えるのでローマ教皇を特別な存在として扱うことはありません。

イエスの母マリアについても、同じ理由でプロテスタントでは「イエス様を産んだとはいえ、一人の人間でしかない」と捉えるのに対し、カトリックでは「聖母マリア」

という特別な存在として捉えます。**ですから教会に行ってみて、マリア像があったらカトリックの教会、なかったらプロテスタントの教会と判断することもできます。**

しかし、両者の最も簡単な判別方法は、聖職者の呼び方です。**カトリックでは「神父」とか「司祭」と呼ぶのに対し、プロテスタントでは「牧師」と呼びます。**

実際には呼び方だけでなく、役割自体も違うんですけれど、それは少し難しい話で長くなりますからこの本では触れません。

また日曜日にカトリックでは「ミサ」を行いますが、プロテスタントでは「礼拝」をします。ですから教会の看板に「ミサ」と書いてあるか「礼拝」と書いてあるかでも、ほぼ100%見分けることができます。

ほかにもまだ違いはあるのですが、プロテスタントの中にも「カトリックに近い」教会もあれば、「かなり違う」教会もあるので、なかなか一般化して一概には言えないところがあるんです。

そのあたりも、どうしても詳しく知りたければ実際に教会に行ってみて、見たり聴いたり感じたりするしかない、というところです。

クリスチャンって、何なんだ？

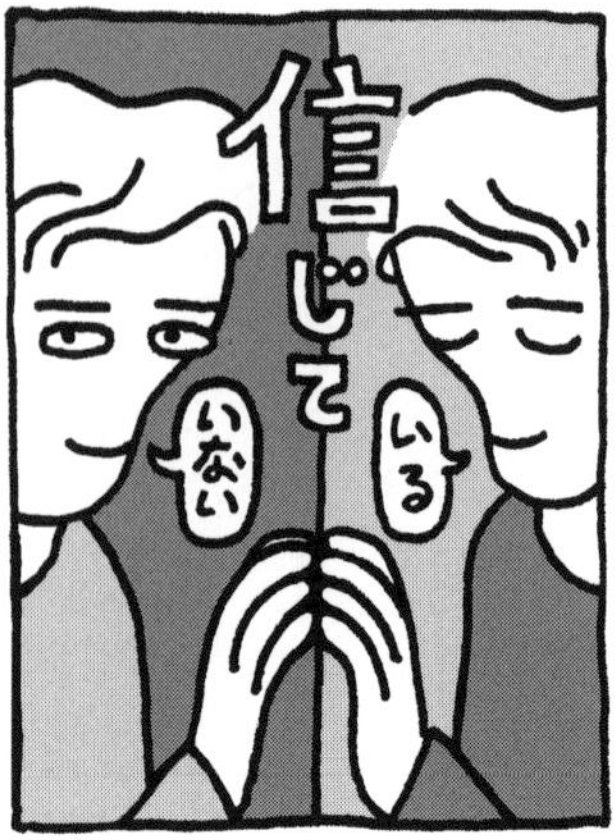

「信じている人」と「信じていない人」の境界線

クリスチャンとはキリスト教徒のことを指しますが、ではクリスチャンとノンクリスチャン（キリスト教徒ではない人）の違いとは何でしょう。

「信じている人か、信じていない人かの違いだ」と言えば簡単ですが、一口に「信じている」と言ったって「とことん信じている」人もいれば「ちょっとだけ信じている」人もいたりして、その度合いはまちまちです。
ならば、どこに「信じている人」と「信じていない人」の境界線があるのでしょう。

いろいろな考え方や例外がありますが、いちばん端的に言えば、**その境界線は洗礼（バプテスマ）にあります。**

洗礼というのは、簡単に言えば「正式にクリスチャンと認められる儀式」。神様がじきじきに「この人は僕の弟子」とハンコを押してくださるようなことです。原則として、これを受けた人がクリスチャンで、受けていない人はノンクリスチャンだということになります。

洗礼を受ける基準

では、洗礼を受けるためにはどうしたらいいんでしょう。**ここには「心で信じ」「公に告白し」という明確な基準があります。**この基準はほとんどの教派で共通しているのではないかと思います。

まず、「心で信じ」なければ始まりません。教会に行き、聖書を読み、「イエス様の救い」を心に受け入れます。

しかし、心で信じているだけでは不十分で、これを教会の人たちの前で「公に告白し」なければいけません。**「コソっと誰にもバレないように」とかではダメなんです。**

もちろん日本でもそんな時代があったように、キリスト教弾圧のある国なんかでは「コソっと誰にもバレないように」しないといけないケースもあるでしょうが、それでもそれは国に対してバレないようにするのであって、クリスチャン同士でバレないようにするわけではありません。神様と教会の会衆《かいしゅう》の前で堂々と「私は信じます！」と告白しなければいけないんです。

……と言うとちょっと難しそうですが、実際には教会に行って「洗礼を受けたいです」と牧師さんなり神父さんなりに相談すればOKです。

その場ですぐに洗礼を受けられる場合もありますし、そこから「洗礼準備会」などの勉強期間や、「洗礼諮問《しもん》委員会」などのいわゆる「面接」が設けられることもあります。そのあたりは教会の方針やその人の事情によっていろいろなのが実情です。
ちなみに僕の場合は「洗礼を受けたいです」と言ってから実際に洗礼を受けるまで勉強会等で2〜3か月かかりました。そういった準備期間の間に「やっぱりやめます」という人もときどきいます。

洗礼は、ゴールではなく「入学式」

よく「洗礼を受けたからには、キリスト教についてすべて分かっているんでしょ」とか「洗礼を受けると人生が劇的に変わったりするの？」という質問をいただいたりしますけれど、これは大きな誤解です。

洗礼はゴールではなくスタート。いわば「入学式」みたいなものだからです。

聖書ではクリスチャンのことを「弟子」と表現しています。**つまり、クリスチャンになるということは「イエス様の弟子になる」ということ。**現代っぽくいえば「先生と生徒」の関係が始まるわけです。

つまりクリスチャンとは「キリスト教について学び続けている人」「真理について神様から教わり続けている人」だというわけです。その学びに終わりはありません。立派な牧師さんも、偉い神父さんも、熱心な信徒も、ぐうたらな信徒も、みんなひたすら教わり続けているんです。

ですから「聖書について一所懸命勉強して、すべて理解してから洗礼を受けよう」というのはちょっと違うということになります。それは「小学校6年生までのすべての勉強をマスターしてから小学校に入ろう」と言っているようなものです。

そして洗礼を受けたからといって「真理がパッと分かる!」とか「劇的に人生が変わる!」ということもありません。「信じた時からジワジワと少しずつ分かってきて、それによってだんだんと普段の行動が変わり、やがて人生が変わってくる」。そんな感じです。「生涯学習」って世の中でもよく言われますけど、キリスト教もいわば「生涯学習」なんです。

キリスト教に「ご利益」はない

お寺や神社には「恋愛成就」とか「学業成就」とか「家内安全」とか、様々な「ご利益」という考え方があります。ですが、キリスト教にはこの「ご利益」という考え方はありません。

どうしてかと言いますと、**たとえば「早く結婚できますように」というお祈りは、「早く結婚させろ！」と神様に命令しているのと同じだとキリスト教では考えるからです。**

表向きは「お願いします」と言っていても、これは神様の力で自分の願望を叶えようとしている、すなわち神様を自分の思いどおりに動かそうとしていることになるんです。

もし神様が人間の思いどおりに動くのだとしたら、「神様より人間の方がエラい」ということになってしまいます。キリスト教においていちばんエラいのは神様なので、これはあってはならないことなんです。

そんなわけで礼拝のお祈りも、メインは「神様の思うことが実現しますように」という内容で、「自分の思うことが実現しますように」ではありません。このあたりが、キリスト教とほかの宗教の違うところの一つと言えます。ですから何か「願い事」を用意して教会に行ってしまうと、拍子抜けしてしまうかもしれません。

しかしもちろんクリスチャンも「〇〇しますように」と祈ることはあります。受験生のクリスチャンならやっぱり「合格しますように」と祈ったりもするわけです。でもこれは「僕は合格したいんです」という気持ちを神様に告白しているだけなんです。「僕は合格したいです。でもそれを決めるのは神様ですから神様の思うようにしてください」というような感じです。

だから当然「教会でお祈りしたから大丈夫だよ、合格するよ」とクリスチャン同士で励ましあったり、クリスチャンではない方を「お祈りしたら合格するから教会においで」と誘ったりはしません。まして「教会に来ないと落ちるぞ」なんて脅しをかけたりなんかしません。そんな誘いや脅しをする教会がもしあったら、そこは避けた方が無難かもしれないです。

「ご利益」というのは言うなれば「メリット」という意味ですが、その意味で教会に行ったり礼拝をしたりするメリットはあります。それは「願いが叶う」ことではなく「神様と交流する」こと。神様との深い交流自体が、キリスト教の「メリット」なんです。

教会って、何をする場所？

教会は「神をたたえる人の集まり」のこと

「はじめに」で、聖書やキリスト教について学ぶのにいちばん良い方法は「教会に行ってみる」こと、とお話ししました。でもそもそも教会ってどんなところなのか、建物を外から見ただけではよく分からないですよね。

ではそこから始めます。さぁ皆さん、「教会」とはどんなところでしょう？

……と尋ねますと、「十字架があって、ステンドグラスがあって、パイプオルガンがあって……」と建物の設備を想像する方が多いのですけれど、実はそれは教会の定

義にはまったく関係ありません。

教会とはまず、建物のことではありません。場所のことでもありません。**教会とは「神をたたえる人の集まり」です。**もし神様を信じる人が集まって、みんなで神様をたたえる礼拝をするなら、極端な話、ただの野原であってもそこは立派な教会です。反対に、どんなに立派な建物があってもそこにその「集まり」がなければ、それは決して教会ではありません。

よく「○○チャペル」などの結婚式場が「教会」と呼ばれていますが、そういう意味で、それはあくまで結婚式場であって教会ではないんです。

ただもちろん、実際には多くの教会がそれなりの建物をもって活動をしていますから、皆さんはもし興味があればそこに行っていただければいいんです。

「礼拝」がメインの活動

教会の何よりの活動は、毎週日曜日に行われる礼拝(カトリックではミサ)です。

礼拝とは、主にクリスチャンが集まって、みんなでお祈りをしたり歌を歌ったり、牧師さんや神父さんの話を聴いたりすることです。

イメージとしては学校の卒業式みたいなものかもしれません。歌を歌って、群読して、校長先生の話を聞いて、また歌って……みたいな感じです。校長先生が牧師さんや神父さんに変わるだけ……というのはちょっと言い過ぎですが、まぁそんな感じだと思っていただいていいです。

卒業式だと間違ったりすると怒られますが、礼拝は間違っても怒られないので卒業式より難易度は低めです。中にはライブコンサートのように派手な音楽でバリバリに盛り上がっちゃう教会もあります。教会によって違いますが、だいたい1時間前後で終わる所が多いかと思います。

礼拝で「初めての方はご遠慮ください」というケースはまずありません。ほとんどの教会が礼拝については「初めての方でもお気軽にどうぞ」というスタンスをとっています。

多くの教会では日曜日以外に「祈祷会」とか「勉強会」とかもあったりします。「いきなり礼拝はハードルが高いから、まずはそっちから行ってみよう」と思う方もいらっしゃるようですが、実はそっちの方が真剣なお祈りを長時間したり、とても難しい勉強や議論をしていたりと、ハードルが高いケースも多いです。

教会にいるのは、どんな人なのか

教会には、様々な人が来ています。「教会にはクリスチャンしか行ってはいけないんじゃないか」と思う人もいるかもしれませんが、決してそんなことはありません。もちろん教会に来るのはクリスチャンが多いですが、「長年教会に通ってはいるけれどもクリスチャンではない人」や、「ちょっと興味があるからときどき来てみてる人」や「ミッション系の学校の宿題で『教会訪問』というのがあったから来た人」や「教会のランチがおいしいからそれが食べたくて来る人」などなど、いろいろな人がいます。

生まれながらにクリスチャン、という人は一人もいません。誰もが最初はノンクリスチャンとして教会に行くのですから、その中に「初めての人」がいても何ら違和感はないわけです。

ちなみに、僕ももちろん、初めは「普通の人」として教会に行きました。23歳のときです。「僕なんかが入っていい場所なんだろうか」と教会の前の喫茶店で1時間くらい悩みましたが、「まあ、怒られたら怒られたでいいや。今のコーヒーおいしかったし」と思って、足を踏み入れました。この迷いは大なり小なり誰にでもあるんだと思います、特に日本では。まあしかし、教会に限らず、どんな場所でも初めて行くときには多少の勇気が必要なものです。

みんなが気になる「お金」と「勧誘」

教会に行ったことがない方からたびたび受けるのが、お金の質問です。「教会って入場料とかかかるの?」「献金とかしなきゃいけないんじゃないの?」「その相場も分からない!!」というぐあいに。

教会に入場料は基本的にありません。日曜日の礼拝の時間に行って、受付の人に「初めてです」と言えば席に通してもらえます。

礼拝の中には献金の時間があります。しかし、必ず献金しなくてはいけないわけではありません。

献金とは「神様の恵みに対する応答」であり、「私はあなたに身を献《ささ》げます」という意味ですから、「僕はちょっと献げられません……」という方はしなくてもOKです。相場も決まっていませんから、10円とかでも問題ありません。「あ！　あいつ献金しなかった！」と白い目で見られたりはしないのでご安心を。

「教会に行ったらしつこく勧誘されたりしない？」という質問もたまに受けます。

日本では「宗教＝しつこい勧誘」みたいなイメージが定着してしまっていますが、そういう勧誘をする人たちはキリスト教に限らず、宗教の中でもごく一部です。

多くの宗教は「自分たちの教えを知らせる」ことはしても、「勧誘」はしません。お寺に行ってお坊さんから「あなたも檀家になりませんか？」って勧誘されたことはありますか？　神社に初詣に行って「あなたも氏子になりませんか？」って勧誘されたことはありますか？　教会もそれと同じです。

「教養として聖書を勉強したいので」とか「ちょっと見学に来ました」とか言えば、「ああそうですか、どうぞどうぞ」と通してくれるはずですし、用が済めば「またいつでもどうぞ」とすんなり帰してくれるはずです。

中には歓迎の気持ちが強すぎて、歓迎される側が「ちょっと圧力が強い……」と感じてしまうケースもあったりはするようですけど。少なくとも僕の教会では「初めての方」に「来週も来なきゃダメですよ！」と言うことはありません。「またいつでもどうぞ」と言うだけです。

聖書ってどんな本？

神様と人間との「契約書」

キリスト教を知る上で、土台にしなければならないのが聖書です。**聖書とは旧約聖書39巻と新約聖書27巻の全66巻で構成される書物のこと。**九九になぞらえて「3×9＝27」と覚えると覚えやすいです。

聖書はざっくり三つのパートに分割することができます。**最初のパートは「イエス・キリスト以前」のことが記されている部分**で、これが旧約聖書にあたります。**次のパートは「イエス・キリスト自身の言動」が記されている部分**で、これは新約聖書の前半「福音書」と呼ばれる部分にあたります。**最後のパートは「イエス・キリスト以**

後」のことが記されている部分で、これは新約聖書の後半の、各種手紙や黙示録などにあたります。

しばしば「旧訳聖書」「新訳聖書」と間違って書いてしまうことがありますが、正しくは「訳」ではなく「約」。これは「契約」という意味で、「旧約」は「古い契約」、新約は「新しい契約」ということです。**つまり聖書とは「神様と人間との契約書」だということなんです。**

旧約聖書は主にヘブライ語、新約聖書はギリシア語で書かれています。もちろん私たち日本人はそれを日本語訳したものを読むことがほとんどですが、牧師さんや神父さんたちは日本人でもヘブライ語やギリシア語で聖書を読んだりします。

聖書「以上」も「以外」もキリスト教にはない

聖書はクリスチャンにとって、特にプロテスタントにとっては信仰の絶対にして唯一の土台です。**聖書なしの信仰はあり得ませんし、キリスト教において最高の権威を**

もつ書は聖書です。

聖書以外のものに、聖書を超える、あるいは聖書に匹敵する権威を持たせることは許されません。それを許してしまえば、それはもはやキリスト教とは呼べません。そのくらいに大切なのが聖書です。

国が何かを行うときに最高の基準としなければならないものは憲法ですが、クリスチャンにとっての聖書は国にとっての憲法、あるいはそれ以上のものにあたります。

聖書についてよくある誤解の一つに、「旧約聖書はカトリックの教典で、新約聖書はプロテスタントの教典でしょ?」というのがありますが、これはまったく正しくありません。

カトリックを「旧教」、プロテスタントを「新教」と呼んだりすることがこの誤解の原因なのでしょうが、カトリックもプロテスタントも、旧約聖書と新約聖書の両方を正典とします。ただしカトリックでは前述の66巻に加え「旧約続編」と言われる書も聖書として扱います。

聖書の著者は、神様

さて、では聖書は誰が書いたのでしょう?

聖書は一人の人間によって書かれたものではありません。時代も場所も超えて、いろんな人たちが「よってたかって」書いたものです。

伝統的なクリスチャンはこれを、「神様がいろんな人たちを使って、聖書を書かせた」と解釈します。つまり「聖書は神様が書いた」ということです。**ゆえに「聖書は神のことばそのもの」であり、「神様が書いたのだから間違いはない」ということになります。**これについては教派によって様々な解釈があり、大論争となるのですけれど、この本ではこの解釈で話を進めたいと思います。

1600年かけて伏線回収する壮大なストーリー

聖書が記された年代には諸説ありますが、旧約聖書が記されたのは紀元前1500

〜500年くらいで、一度に記されたわけではなく、1000年くらいかけていろんな人が、いろんな場所で書きました。新約聖書もこれまた諸説ありますが、だいたい紀元後30〜100年の間に完成したと言われています。

書き始めが紀元前1500年、完成したのが紀元後100年ですから、なんと1600年もかけて記された、とんでもないスケールの本です。**1600年というのは、日本でいえば古墳時代に書かれ始めた本が、令和の時代にようやく完成するようなもの。**

しかも古墳時代から令和時代への伏線がたくさん張り巡らされ、しっかり繋がっているような本があったら、驚きますよね。そんな驚くべきことが実現してしまっているのが、聖書です。**「1600年の伏線回収」**……なんだかロマンを感じませんか。

聖書の内容については第3章で詳しく説明しているので、気になった方はそちらをお読みください。

聖書を全部読むのにかかる時間

聖書はだいたい、国語辞典1冊分くらいのボリュームの本と思っていただければ良いかと思います。『広辞苑』とまでは言いません。中学高校の授業で使う「国語辞典」くらいです。いずれにせよ、かなりのボリュームがあるのはお分かりいただけるかと思います。

学校の宿題で「国語辞典を読破してこい」なんて言われたら気が遠くなりますよね。ですから聖書を通読するのはクリスチャンでもかなり骨の折れることで、「実は通読は一度もしたことない」って方も少なくありません。

「今年こそは通読するぞ!」と毎年お正月に目標を立てて毎年挫折する方もいます。もちろん中には「毎年通読している」方もいますし、「今年は10回通読したぞ!」なんて猛者もいらっしゃったりしますが。

だいたい、1日に新約聖書を1章、旧約聖書を3章読むと、1年で読破できる計算

になります。 1章読むのにかかる時間を5分とすれば、毎日20分あればいけます。そう考えると意外といける気もしませんか？　さぁ、あなたも1日20分、始めてみましょう!!

……って、1日20分の習慣を続けるって、大変なことですよね。僕もクリスチャンになって間もないころ「1日20分だ！」と張り切ってチャレンジしてみたんですが、結局、最初の通読を終えるまでに2年半もかかってしまいました……。

その後、何回か通読はしましたが、正直なところ、退屈な箇所は斜め読みしたりもしてしまいます。僕の場合は通読するよりも「あれ、たしかあの辺にこんなこと書いてあったよな。読み返してみよう」とか「ちょっとローマ書が読みたい気分だから読もう」とか部分的に読むことの方が多いです。

よく「聖書を全部読んでからじゃないとクリスチャンになれないんじゃないか」とか「教会に行っちゃいけないんじゃないか」とか思っている方もいらっしゃるようなんですけど、全然そんなことはありません。だって弁護士さんだって六法全書を必ずしもすべて通読するわけじゃないですし。

最近ではスマホの聖書朗読アプリを使って「聞き流す」スタイルで聖書制覇を目指す方もいらっしゃるようです。いずれにせよ、無理のないやり方と無理のないペースでゆるゆる進めるのがよろしいかと思います。聖書に限らず、何ごともですが。

聖書を読むには「助け」が必要

ここまで「聖書を自分で読む」ことについて説明してきましたが、実は聖書って自分でいくら読んでもなかなか理解できないものです。聖書自体にも「聖書を理解するには神様（聖霊）の助けが必要だよ」と書いてあります。

ではその「助け」をどうやって得るかといいますと、いちばんの方法は教会の礼拝に参加することです。聖書は単なる書物ではなく、神のことばです。**そして神のことばは礼拝で「説教」※を通して解き明かされるものなんです。**

よく、礼拝の説教は「牧師さんの話を聴く」と言われますが、厳密にはそうでなく「牧師によってとりつがれる神のことばを聴く」ものです。**聖書の著者である神様自身が自ら、聖書を理解するためのコーチングをしてくれるということになります。**

ですから「聖書を通読したことがない」というクリスチャンでも毎週1回、少しずつ礼拝に参加することで、いつの間にやら聖書に親しんでいたりするわけです。

また、説教で引用された聖書の箇所をきっかけに、家に帰ってその前後を読んでみたり、その書の全体を読んでみたりと、そんな読み方も可能です。

聖書と礼拝ってたとえるなら車の両輪みたいなもので、聖書なしの礼拝も、礼拝なしの聖書も、どちらもなかなか真理に近づくことはできないんです。

では日曜の礼拝に通えない人は聖書が読めないのかと言うと、そんなことはなくて、「祈り」によっても神様の助けを求めることはできます。いずれにせよ、とにかく**「聖書を理解するには神様のコーチングが不可欠」**だということです。

この本も、できれば「この一冊で聖書が分かる！」っていう風に書きたい気持ちはあったんですけど、そんなわけでそれは無理なんです。

※　礼拝の中で牧師さんや神父さんから聖書や神様についてのメッセージを聴く時間のこと。

クリスチャンのリアル

キリスト教の「やってはいけない」

クリスチャンではない方から、「食べちゃいけないものってあるの?」と聞かれることがよくあります。**結論から言うと、食べものについてのタブーはありません。**

たしかに、旧約聖書にはいろいろと食べものについてのタブーが書いてあります。たとえば「ウロコのない魚を食べてはいけない」とか。ですから、旧約聖書のみを正典とするユダヤ教の方には、今でもウナギ、タコ、エビなどを食べない人もいます。気にせず食べる人もいますが。ちなみに厳密にはウナギにもウロコはあるんですが、まぁパッと見ればないので聖書では「ない」扱いになってるみたいです。

しかし新約聖書には、イエス様の「口から入るものではなく、口から出るものによって人は汚れるんだよ」という教えが書かれています。ですから旧約聖書と新約聖書をセットで信じている我々クリスチャンは「イエス様がすべての食べものを清いものとしてくださった」と解釈し、特に食べものの制限がないんです。

ちなみにここでの「口から出るもの」というのは、もちろんゲ○とかのことではなく、人の発する言葉のことです。「あれを食べたらダメとかこれを食べてもダメとかそういうことよりも、人を傷付ける言葉を言わないとか、そういうことにもっと気をつけなさい」という教えです。

「輸血をしちゃいけないんでしょ?」というのも、ときどき聞かれる質問です。**キリスト教では輸血を禁じることはありません。**必要があれば迷いなくドバドバ入れます。

「輸血をしちゃいけない」と主張する「キリスト教」は、よくテレビのニュースなんかでは「キリスト教の一派」なんて言われたりもしていますけれど、実はキリスト教とはまったく別の宗教さんです。この方々も一応「聖書」を用いるのでこのように言われるのですが、この「聖書」は我々クリスチャンの用いる聖書とはちょっと違うものです。

この本でこの方々を批判したり否定したりする気はありませんが、この方々がキリスト教とは違うのだ、ということは皆さんにお伝えしておきたいと思います。

「祈り」は自由なもの

「祈り」というのは、どの宗教においても重要なものです。

たとえばイスラム教の方々は1日5回メッカに向かってお祈りをしますが、キリスト教にはそういう「お祈りの決まり」みたいなものはあまりありません。

が、「決まり」が特にないからと言って、「祈りが重要ではない」ということでは決してありません。むしろ聖書に「たえず祈りなさい」と書いてあるように、キリスト教でも祈りは非常に重要なものとされています。

ほかにもいろいろと祈りについての記述はありますが、その中で有名なものとして**「祈りは人に見えるところでせずに、誰にも見られない自分の部屋でしなさい」**という教えがあります。

イエス様の時代にはわざわざ広場だとか、人通りの多い道だとかで大声で祈って「どうだ、こんなに祈る俺は信心深い立派な奴だろう!」と見せびらかすような人たちがいたんです。だからイエス様は「そんなのは人に見せびらかすためのパフォーマンスであって、祈りじゃない。本当に信仰があるのなら誰も見ていないところで祈りなさい」と言ったんですね。こういう「パフォーマンス」を防ぐために、キリスト教では特に祈りの形式を定めなかったのかもしれません。

ですから多くのクリスチャンは毎日それぞれ自分の家で祈ります。タイミングや形式が定められているわけではないので、やり方は人それぞれです。

朝起きていちばんにお祈りの時間を持つのが良いとされていますが、夜寝る前の人もいれば、夕食後に夫婦二人でという人もいますし、散歩しながら空を見上げて祈る人もいます。食前のお祈りをするクリスチャンは多いですが、それも丁寧にする人もいれば、「神様、この食事に感謝します。アーメン」くらいの、ごく簡素な人もいます。

祈りとは神様との会話、コミュニケーションですから、常にそれをとり続けるように努めることが大切なのであって、形式にはあまりこだわらない、というのが少なくとも一般信徒の日常の祈りであると思います。もちろん、礼拝のときなどにはある程度決まった形式で祈ることもありますが。

とにかく大事なのは形式よりも日々神様に思いを寄せることなんです。

調子が悪いときは祈らなくても大丈夫

このように日々祈るクリスチャンですが、クリスチャンだって人間ですから病気になったり、疲れたり、落ち込んでしまったりで祈れないときもあります。そんなときは教会やクリスチャン仲間がその人の代わりに祈ってくれます。

べつに教会に電話して「お祈り代行お願いします」とか言うわけではありません。クリスチャンはそれぞれ日々の祈りの中で、お互いのためにも祈りあっています。それにより、**自分が祈れないときでもほかの誰かが祈ってくれている、という「祈りネットワーク」みたいなものができているんです。**

「祈れない人のために祈る」ことは**「とりなしの祈り」**と呼ばれ、キリスト教における祈りの大事な一要素となっています。自分の抱えている問題をシェアし合って、お互いのために祈ることもあります。「自分で祈る」のも大切ですが、この「祈り合う」ということがクリスチャンや教会にとって大切なんです。**そして「誰かにいつも祈られている」ということは想像以上に大きな安心感をもたらしてくれるものです。**

聖書をどこまで信じているのか

キリスト教の信仰の土台となる聖書ですが、**その記述内容について「どこまで信じるか」というのは教派によって異なります。**

「モーセが海を割った」とか「マリアが処女のまま身ごもった」とか「イエスが復活した」とか、科学や常識では信じられないことが聖書にはたくさん書いてあります。

こういった「奇蹟」について「これは比喩として書いてあるんだから、科学的あるいは常識的にありえないことまで、そのまま信じなくていい」という教派もあれば「聖書に間違いはないんだから、すべて事実として信じる」という教派もあります。

教派によっていろいろなんですから、当然クリスチャンにもいろいろな立場の人がいますが、僕は後者の**「聖書に間違いはないんだから、すべて事実として信じる」**派ですし、僕の所属する上馬キリスト教会もその立場です。

「どうしてそのように信じるべきなのか」という問いに対しては、もちろんそこには明確な答えはあるのですけれど、恐ろしく高度な難しい話になってしまうので、この本ではとても答えることができません。僕のようなただの平信徒の手に負える問題ではないんです。

ただ、そのうえで僕の個人的な感情というか「僕がこのように信じようと決めた理由」みたいなものを言うならば、「そのように信じて失うものは何もないし、信じた方が楽しいし幸せだから」です。少なくとも僕には。

「この世には科学や常識で解明できない現象は起きない」と思うより、「この世には科学や常識でどうにも解明できない現象だって起こりうる」と思う方がロマンがあって楽しいと思いませんか？

洗礼を受けてクリスチャンになる前に、僕は聖書についていくらか本を読んで勉強したんですが、とある本に「奇蹟までみんな事実として信じる必要はない」と書いてありました。僕はそのとき「じゃあ、『これは事実でこれは比喩』って、その判断は誰がするのか。結局、誰か人間が決めなきゃいけないじゃないか」と、「中途半端」さを感じてしまったんです。そして「中途半端」なものなら信じる甲斐がない、って思ってしまいました。「信じろって言うならとことん信じさせてくれよ」って。

ですから後に教会に行くようになって「すべて事実として信じる」と教わったときに、「そこまで信じて良いんですか‼　ありがたい‼　だったら信じる甲斐がある！」って、迷いとか躊躇とかじゃなく、むしろ感謝の気持ちを抱いたんです。**にわかには信じがたい出来事を「信じていいぜ。信じろよ」と言ってもらえること、僕はそこに嬉しさと優しさと安心感を得たんです。**

ただもちろん、ここに書いたのは僕の個人的なことです。「比喩として信じる」派の方にだって、それなりの理由がありますし、それを否定も批判もする気は毛頭ありません。

それに実際、クリスチャン同士で話していてもそこの相違でケンカになったり気まずくなったりすることはほとんどありません。牧師さん同士とか神父さん同士とかだと議論になったりもするんだと思いますが、平信徒同士だと「あー、君はそっちタイプなのね。僕はこっちタイプ」ってくらいの認識で普通に仲良くしています。

「敬虔《けいけん》なクリスチャン」という幻想

「たらちねの」とくれば「母」、「機動戦士」とくれば「ガンダム」、「敬虔な」ときたら「クリスチャン」と、「敬虔な」という言葉はもはや「クリスチャン」の枕詞のように使われています。「敬虔なクリスチャン」というのはよく聞きますが「敬虔な仏教徒」なんてあまり聞かないですよね。

クリスチャンの専売特許みたいになっているこの「敬虔」という言葉ですが、実際クリスチャンってどのくらい「敬虔」なんでしょう？ そもそも「敬虔」ってどういうことでしょう？

たぶん「毎週教会の礼拝に通う」「毎日聖書を読んで祈る」「大言壮語、暴飲暴食をせず慎ましい生活を送る」「人に親切で優しく振る舞う」といったことが一般的な「敬虔なクリスチャン」という言葉のイメージの中に含まれているんだと思いますが、実際にこのすべてを完璧に満たせるクリスチャンというのは一人もいないと思います。

それどころか、この一つでも完璧に満たす人さえ、ごく少ないはずです。

たとえば日曜日に仕事をしなければならない人はなかなか毎週日曜日に礼拝に通うことは難しいでしょうが、ではその人が「クリスチャン失格」なのかと言ったら決してそんなことはありません。世界には聖書を毎日読みたくてもそもそも聖書を入手することが難しいクリスチャンだってたくさんいますが、その人たちが「クリスチャン失格」なわけがありません。

そういう「どうしようもない理由」がなくたって、日々の仕事やら何やらで疲れ果ててしまって祈ることさえ難しい人だっていますし、もっと言えば単純にサボってしまうことだってあります。

日曜日の朝に「礼拝サボって寝ていたい……」と思ったことのないクリスチャンは、これはもう一人もいないでしょうし、それで実際にサボって寝てしまったことのないクリスチャンも、たぶんごく一握りです。食前のお祈りを忘れてしまったり、というかもはや思い出したときにしかしない、という人も多いでしょうし、「聖書は教会でしか開かないよ！」という人だって少なくありません。ときにイライラして暴飲暴食してしまうことだってあるでしょうし、人にいつも親切にするなんてクリスチャンじゃなくても多くの人が心がけるでしょうが、その難しさはわざわざここに書く必要はないですよね。

ですから「クリスチャンはみんな敬虔《けいけん》である」なんてことはまったくないです。みんなそれぞれ、自分のペースでクリスチャンをやっています。

僕の父はキリスト教が嫌いな人だったので、僕がクリスチャンになったことをカミングアウトするのは大変だったのですが、そのときに僕はこう言いました。「目に見えて変わるとしたら、日曜日の朝に教会に出かけるくらいだよ」。それでも嫌がっていた父でしたが、しばらくしたらあるとき「そういやお前クリスチャンだったな」と言われました。

父に限らず、僕の周りの人はよく「そういえば君クリスチャンだったよね」と言います。そのくらい普通に生活をしている上での違和感はないってことなんだと思います。それは単に僕が「敬虔《けいけん》」じゃないからなのかもしれないですけど。こうつらつらと考えてみると意外と曖昧なものですね、「敬虔」って。

ちょっと難しい、だけど大切ないくつかのこと

「難しいことがある」ということを説明します

これからお話ししていくことは「ちょっと難しいこと」です。キリスト教の2000年の歴史の中で偉い人たちがたくさんの議論をして少しずつ積み重ねてきた、いわゆる「教義」であり、もっと言えば「奥義」とも言えることで、これは正直なところ、この「超入門書」で理解していただけるものではありません。また「ただの一信徒」がうかつに解釈して良いものでもありません。

しかし、このあたりを疑問に思う方も多くいらっしゃいますから、ごく簡単に「キリスト教にはこういう難しいこともある」ということを紹介することといたします。

「あぁ、これは『難しいこと』なんだな」と思っていただくだけでもキリスト教への理解に役に立つかと思いますから。

「聖霊」を理解するのは難しい

この章の始めの方でも少し説明しましたが、聖霊というのは理解の難しい概念の一つです。

聖書における聖霊の有名な登場シーンは新約の「使徒の働き」の第2章。イエスの弟子たちが集まっていたところに、天から「炎のような舌」が現れて弟子たちの頭の上に留まり、そのとき、弟子たちは自分では学んだことのない様々な国の言葉を話し始めたという場面です。**この「炎のような舌」が聖霊であり、この出来事は「聖霊降臨」と呼ばれ、「教会誕生の瞬間」と言われます。**この日は今でもペンテコステという、クリスマス、イースターに並ぶキリスト教の三大祝日とされています。言わば「教会の誕生日」といったところです。**聖霊なしに教会は存在しないんです。**

……と、こんな説明をされても、やっぱりよく分からないですよね。難しいんです、聖霊って。

とにかく、聖霊はクリスチャン一人ひとりに宿って、人格に触れ、力を与え、救いへと導いてくださる存在、そして教会を形成し、教会に満ちている存在だとされています。

この本で覚えておいて欲しいことは、この聖霊の助けなしには人は聖書や神様について正しく理解することができないということです。そして聖霊はクリスチャンに宿るものですから、クリスチャンになって聖霊の助けを受けなければ理解できないことが、キリスト教には多々あるということです。

つまり、聖霊のことを理解するためには聖霊の助けが必要で、聖霊の助けを受けるためにはクリスチャンにならなくてはいけない。今ここで聖霊について説明するのが難しいのはそんな理由もあります。

「イエス」という存在は難しい

キリスト教の歴史の中で最大の問いの一つが**「神様自身がどのようにイエスという人間としてこの世に存在したか」**、難しい言葉でいえば「受肉したか」ということです。

この解釈をめぐっては、昔から神学者たちが侃侃諤諤《かんかんがくがく》の議論をし、キリスト教がいろいろな教派に分かれる一因にもなりました。それほどに難しい問題なんです。

多くの世界史の教科書に、太字で書いてあったであろう西暦325年のニカイア（ニケーア）公会議は、この問題に結論を出した会議です。**つまりこの問題は世界の歴史に燦然《さんぜん》と輝くほどの難問なんです。**ですから、僕のような一信徒が「これはこういうことなんだぜ！」と、勝手に説明できるような問題ではありません。

ですが、皆さんのキリスト教理解に少しだけ貢献するために一言だけ「キーワード」を言うならば、イエス・キリストは**「100％人間で、100％神」**であるということです。「50％人間で、50％神様」とか「あるときは人間、またあるときは神様」とかではなくて、同時に両方100%なんです。……はい、とても分かりにくいです。

これもちゃんと理解するには聖霊の助けが必要、ということになります。

「罪」の問題は難しい

キリスト教が日本の多くの人にとって、ハードルの高いものになっている理由の一つに「罪」の問題があります。キリスト教では「あらゆる人は罪人である」と教えますが、それに対して「僕は何の犯罪も犯さずに、まじめに日々生きているよ！」と抵抗を覚える方も多いかと思います。

たしかに、人からいきなり「あなたは罪人です」って言われたら良い気はしないかもしれません。**でも実はキリスト教のいう「罪」は、一般的に認識されている「罪」という言葉が意味するものとはずいぶん違うんです。**

キリスト教の「罪」は原語のギリシア語では「ハマルテア」という言葉で、これはもともと「的外れ」という意味です。弓の競技のとき、射手は的をめがけて矢を放ちます。

しかしその矢は時として風に煽られたりして的を外れてしまうことがあります。そんなときにこの「ハマルテア」という言葉が使われました。

矢が的を外れてしまうということは、矢が射手の思惑、射手のコントロールから外れたと言い換えることができます。これを人にあてはめると、人が「ハマルテア」であるということは、人が神様の思惑、神様のコントロールから外れた状態である、ということになります。

ですからキリスト教が「あらゆる人は罪人である」と教えるのは「みんな悪い奴だ！」と言っているのではなく「みんな神様のコントロールから外れてしまっている

よ」ということなんです。もちろんその「神様のコントロール」から外れることで、「悪いこと」も生じてくるのですが。

神様はよく陶器師（陶芸家）にたとえられます。陶器師が平皿としてつくった器に、スープを入れたら飲みにくいですよね。これは平皿が陶器師の思惑から外れた使い方をされてしまったということです。これもキリスト教の言う「罪」の一つです。平皿は肉料理やサラダなんかをのせたときにこそ、存分にその実力を発揮できるのであって、スープを入れたらちっとも実力を発揮できません。

つまりクリスチャンの言う「私たちは罪人です」というのは、「私たちはまだ神様に与えられた能力を十分に生かしきれていないんです」という意味でもあるんです。

「救い」を知るのは難しい

キリスト教のシンボルと言えば十字架ですよね。クリスチャンではなくても十字架を見ると神聖なものを感じる方も多いかと思います。しかし十字架はもともとは処刑道具です。しかも「最も残酷」と言われ、恐れられた処刑道具です。

これをキリスト教がシンボルにしているのは、ほかでもないイエス様が、この残酷な処刑道具によって、私たち人間のために「身代わりとして」死んでくださったことを絶対に忘れないようにするためです。

キリスト教にとって、イエス様の語ったことだとか、ほかの偉人たちが経験したことだとかはもちろん大切です。

けれど、何よりいちばん大切なことは**「イエス様が自分の代わりに十字架で死んでくださった」**ということと、**「そのあとで復活して、人間の究極的な敵である『死』をも超越した」**ということなんです。これを受け入れることで人は救われます。

クリスチャンの間では「あの人、洗礼を受けてクリスチャンになったんだよ」ということを「あの人、救われたんだよ」と言ったりします。「クリスチャンになる」ということと「救われる」ということは同義なんです。

これもまた、それを理解したり受け入れたりするのは聖霊の力によるもので、言葉や理屈でいくら説明しても説明しきれるものではありません。

しかしとにかく、**イエス様は私たちを救うために死んだ。**これが大切なことで、このことを受け入れて告白した人がクリスチャンなんです。

第2章

クリスチャンから見た世界

現実にクリスチャンとして生きてみると
どんな考え方の変化があるのでしょうか。
現代のクリスチャンのリアルな目線でお伝えします。
キリスト教的ライフハックのすすめとしてもどうぞ。

キリスト教を「信じる」と人は変わる？

誤解されがちなクリスチャン

皆さんのまわりにキリスト教を信じている人、つまりクリスチャンはいるでしょうか？　データにもよりますが、日本におけるキリスト教徒の割合は１・１％と言われていますから、身近にはいないという方も多いかもしれません。

そもそも、日本の多くの人には日常生活で宗教を意識する機会ってほとんどないですよね。「家は仏教だけどお葬式と法事くらいしか関係ない」という方、少なくないと思います。

ですから、わざわざ「キリスト教を信じよう」と決めて教会に行ったりする人と言えば、そうとうまじめで、逆に言えばちょっと堅苦しい「キリスト教ガチ勢」をイメージしてしまうのではないでしょうか。

何年か前の話ですが、仕事場の近くの道を歩いていましたら、近所のご婦人が何やら新興宗教のチラシを配っていました。顔見知りの方だったので話しかけたら「あんたもどう？」と誘われました。もちろん「いやいや、実は僕はクリスチャンだから」と断りましたが、そうしたらこう言われました。

「キリスト教かー、あたしも前に入ってたことがあったけどね。でもあたしはいくら頑張っても、いい人になんてなれなかったよ」

ノンクリスチャンのクリスチャンに対するイメージをすごく端的に表された気がして、僕は少しギョッとしました。というのも、「お前らは偽善者じゃないか」と言われた気がしたのです。

そしてギョッとしたすぐあとにハッともしました。**そうか、この人は「いい人じゃなきゃクリスチャンは務まらない」と思っている。**逆に言えば「クリスチャンはみんないい人だ」と思っているんだな、と。

クリスチャンは「清く正しく美しく」ない！

じゃあ僕はクリスチャンだけれども、このご婦人が期待しているような「いい人」だろうか。

いやいや、まったくそんなわけはありません。僕なんか正直に言ってしまえば、お酒も大好きですし、困っている人がいても自分が疲れていたら見ないふりをして通り過ぎたりしてしまいます。ときには人の悪口を言ってしまうこともありますし、それどころか殴り合いのケンカをしたことだってあります。やらなきゃいけないことを後回しにしてサボることもありますし、ウソをつくことだってあります。美しい女性がいれば嬉しくなりますし、そんな人の前ではいらぬ見栄を張ってしまうことだってあります。

ですから、僕なんてもうまったく「いい人」なんかじゃないわけです。そんな僕がクリスチャンだと堂々と名乗り、あろうことかこんな本を書いたりしているんですから、僕はそのご婦人に対して申し訳ないような気分になってきました。

でもあえて声を大にして言います。開き直るようで申し訳ないですが言います。

「クリスチャンはいい人なんかじゃないし、いい人である必要もない！」

よく結婚式で使われる有名な聖書のことばに、

> 愛は寛容であり、愛は親切です。また人をねたみません。愛は自慢せず、高慢になりません。礼儀に反することをせず、自分の利益を求めず、苛立たず、人がした悪を心に留めず、不正を喜ばずに真理を喜びます。
>
> ――（コリント人への手紙第一　13章4～6節）

というのがあり、これを聞いたことのある方は「これを満たしているのがクリスチャンなのか！」と誤解してしまう場合があるようです。

しかし聖書では、実際の人間はクリスチャンも含めて、この反対であるということが示されています。

寛容でもなく、親切でもなく、人をねたみ、自慢し、高慢になり、礼儀に反し、自分の利益を求め、苛立ち、人がした悪を忘れず、真理を喜ばず不正を喜ぶ……。これが包み隠さぬ人間の姿だということです。

「いい人」なんてこの世にいない

クリスチャンの方、またはクリスチャンではないけれども教会に通っているという方、はたまた教会や聖書とはまったく関係ない方でも、自分が「いい人」でないということに苦しんでいる方はいませんか？　「いい人」にならなきゃ、と自分を追いつめている方はいませんか？

いいんです、「いい人」なんかじゃなくて。

あるいは、周りにいる人たちがみんな「いい人」に見えて、それで「いい人」じゃない自分との落差を感じたりしていませんか？　劣等感を抱いたりしていませんか？

大丈夫です、落差なんてありません。劣等感なんて抱く必要はこれっぽっちもありません。もう、思い切って言ってしまいますけど、その周りの人たち、誰ひとり「いい人」なんかじゃないですよ！　そして、それこそが聖書の教えていることです。

聖書には「義人（正しい人）はいない。一人もいない」と書かれています。人は誰もが罪を犯す存在であり、清く正しくなんて生きられない存在なのだと、とっくの昔から言っているわけです。

クリスチャンとそうじゃない人の差は、自分がそんな罪深い存在であること、「いい人」なんかじゃないということを神様の前で公に認めているか否かという、ただそれだけなんです。

くだけた言い方をすれば、「俺は悪い奴だー！」と宣言して、神様の前でそれを告白した人がクリスチャンであり、その集合体が教会です。

「いい人幻想」は人を不幸にする

もし教会やクリスチャンが「いい人のふり」をしているなら、それはむしろ良くな

い教会ですし、良くないクリスチャンです。**「いい人でいなきゃ」というプレッシャーは想像以上に人を苦しめます。**

だからイエス様は「いい人のふり」ばかりしていたパリサイ人や律法学者といった人たちを「君らそれちがう‼　それじゃみんな幸せになれないじゃん！」と叱っています。

いい人なんかじゃ務まらない、むしろ悪い奴にこそクリスチャンはふさわしい。それが神様が与えてくださった救いなのだと思います。実はこれはキリスト教独自の考え方ではなく、仏教の浄土真宗の親鸞《しんらん》さんがとなえた「善人なおもって往生を遂ぐ。

いわんや悪人をや」の思想も似ているところがあるんです。

「昔は俺もワルだったんだぜ」とワルさ自慢をしている人たちをときどき居酒屋でみかけますけど、あれと同じように「先週も俺はワルだったぜ」と教会で毎週「ワルさ自慢会」を開催しちゃうくらいの方が、少なくとも「先週、私はこんなにいいことをしました」なんて「いい人自慢会」をするよりは健全かもしれません。

実際に教会の礼拝では毎週「罪の告白」として神様の前で「僕はこんなにワルでした！」と白状するコーナーはありますが、反対に「僕はこんなに良いことをしました」と自慢するコーナーはありません。

ストップ！「PDCAサイクル」

PDCAサイクルは大事だけど、しんどい

この本を読んでいる方の中には「PDCAサイクル」という言葉をご存知の方も多いかと思いますし、日々お仕事や学業、スポーツなどで実践なさっている方も多いのではないでしょうか。

PDCAとは「Plan＝計画」「Do＝実行」「Check＝評価」「Action＝改善」の略。何か目標を達成するためには、計画→実行→評価（反省）→改善→そしてまた計画……と、このPDCAをくり返していくことが必要である、という考え方が「PDCAサイクル」です。

この考え方は非常に合理的かつ実践的で、現代では「社会人には必須のマインドセット」と言っても過言ではありません。これなしに現代社会は回らない、とさえ言えます。

……と言うと、なんだか難しくも聞こえますが、昔ながらの言葉にすれば「試行錯誤をくり返す」です。歴史上の偉人たちはニュートンであれ、エジソンであれ、徳川家康であれ、ほとんどの人が何度も何度も試行錯誤をくり返した上で何らかの偉業を成し遂げています。ですから当然私たちも、大きくとも小さくとも何か目標を達成したいのであれば、彼らにならって「試行錯誤＝ＰＤＣＡサイクル」をくり返す必要があるのです。

僕だって、この本を書くにあたって、かなりの試行錯誤をくり返しています。「こんな風に書いてみよう」と計画し、実際に書いてみて、それを読み返して自己評価したり、ほかの人の意見を聞いたりし、「じゃあここをもう少しこんな感じにしてみよう」と改善し、そしてまた「じゃあ今度はこんな風に書いてみよう」とまた計画し……とそれをくり返しています。

……が、しかし。ときどき、とても疲れるんです、このやり方。**試行錯誤をくり返すって、気力も体力もけっこう消耗します。**

「改善しなきゃと分かっているんだけどもはや気力が湧かない……」とか、「もう自分の文章に飽きちゃって読み返すのが嫌だ……」とか、「ほかの仕事で疲れちゃって原稿に向かう体力がない……」とか、「もう、誰かにダメ出しされるの嫌だ……」とか。

僕は気力も体力も、人より充実している方ではありませんから、「ちゃんとPDCA回さなきゃ」と思いつつも、心と身体が付いてこないなんてことは、もう実は日常茶飯事なんです。正直に白状してしまえば、ちゃんとできることの方が少ないくらいです。

聖書の偉人は勇気をくれる

でも、「できない自分はダメなんだ……やっぱり僕には無理なんだ……」なんてことは思いません。そんなときは聖書の偉人たちを思い出すんです。

詳しくはぜひ第3章をお読みいただきたいと思いますが、聖書の登場人物の多くは後世に残る偉大なことをやり遂げています。**けれど、その中で「PDCAサイクル」を回した人がいるかというと……意外といません。**

……と、言うか、一人もいません。ノアも、アブラハムも、ヨセフも、モーセも……悪い言い方をすればみんな「いきあたりばったり」で、神様の祝福を受けて、物事をやり遂げています。

歴史上の偉人はほぼもれなくPDCAを回して成功していますが、聖書の偉人たちはこの例外なんです。彼らはPDCAを自分で回して道を進んではいません。

しかも、この人たちは自分が苦境に立たされたとき「こんな自分はダメなんだ……」とは思わずに**「神様、私は限界なのであとはお願いします!」**みたいなお祈りをしちゃったりしてます。だから僕も、本を書いていてちゃんとサイクルを回す気力体力がないときは「神様、お願いします!」と神様に任せてしまいます。

と言うと、聖書がPDCAサイクルを否定しているように思えてしまうかもしれません。しかし、それもちょっと違います。神様が聖書を通して私たちに教えているこ

とは、**「ＰＤＣＡを回すのは君自身ではなく、私だ。私に任せろ！」**ということなんです。

全部の仕事を背負いこまなくていい

今、自分の仕事に追い込まれて疲れ果ててしまっている方はいませんか？

いいんです、全部背負い込まなくて。背負いきれなくなったら「神様、お願いします！」と神様に渡してしまって、いいんです。聖書の偉人たちはみんな、そういう風にして偉業を成し遂げました。

むしろＰＤＣＡの全部を自分で背負い込

んだ人たちは「私をどうして信用しないの⁉」と神様に怒られて、最終的に成功していなかったりします。

いつも全部を神様がやってくださるとは限りませんが、PDCAのうち、たとえばP（計画）とC（評価）を神様がやって、D（実行）とA（改善）は自分でやるという場合だってあるでしょう。いろんなケースがありますから、一概には言えませんけど、少なくともPDCAの全部を自分で背負いこむ必要はないんです。

疲れて追い込まれてしまったとき、それはもしかしたら神様が「その仕事、私に任せてみなさい！」と言ってくれているのかもしれません。そう思ったら、少しラクになりませんか。

神様は越えられない試練だって与えます

聖書は無茶なことは言わない？

聖書の中に、こんなことばがあります。

神は真実な方です。あなたがたを耐えられない試練にあわせることはなさいません。

——（コリント人への手紙第一　10章13節）

これをもとにした「神は、乗り越えられる試練しか与えない」というフレーズが、何年か前にTVドラマで流行りました。「何か辛いことがあったときはこの言葉を思い出して頑張るんだ」という方もずいぶん増えたようです。

聖書のことばがこんな風に世の中に広まっていくのは嬉しいことです。しかし、このことばが大嫌いだ、という人も世の中には少なくありません。特に、辛いこと悲しいことがあって誰かに相談したときにこれを言われると、「耐えられるはずのものに耐えられない自分が悪いと言うのか」「これ以上どう耐えろと言うのか」と、傷ついてしまうケースも多いようです。

しかし、聖書はそんな酷いことは言っていません。

勘違いの鍵は「試練」という語の解釈です。英語版の聖書を見ると分かりやすいのですが「試練」にあたる部分には Temptation という語があてられています。これを訳せば**「試み、誘惑」**となります。

けれど日本語では**「試練」**と訳してしまっているために、「辛いこと、悲しいこと」

という間違った意味に思われがちなのです。

ですから、さきほど引用した聖書のことばは**「神様は、あなたを耐えられない誘惑にあわせることはない」**という意味になります。「罪」は様々なルートで私たちを誘惑してくるけれど、神様は必ずその誘惑から逃れる道を備えてくださっている、と言っているわけです。

この箇所は前後も読むと、特に「偶像礼拝」について戒めていますから、もう少し思い切って意訳すれば「ほかの神々を拝む誘惑も、お酒とか享楽とかほかの何かにすがる誘惑もある。だけどそれに陥らずにすむように神様は道を用意してくれてるんだよ」ということになります。

「乗り越えられない試練」はある

ただし、神様は「辛いこと悲しいこと」という意味では、人に「越えられない試練」を与えます。人間は限界のある存在ですから、何もかもを自力で乗り越えられるはずがありません。

たとえば重い病気の人を「神様は乗り越えられない試練を与えないから必ず治るよ」と励ますのは、はたして本当に優しいことでしょうか。この励まし方を聖書は肯定していません。病気が治るか治らないかは神様の領域のことで、人には分からないからです。

もし、この励まされ方をした人の病気が治らなかったら、その人は「やっぱり神様はいない」とか「神様は嘘つきだ」とか思ってしまわないでしょうか。「治るはずの病気が治らないのは自分が悪いか、神様が自分を見捨ててしまったからだ」とか思ってしまわないでしょうか。そう考えると、この励まし方は必ずしも優しくないということになります。

すべての苦しみや悲しみを自分の力で越えられるなら、人間は神様を必要としません。イエス様のことも必要としません。

越えられない困難は神様に頼る

そもそも、人間には絶対に越えられない「死」という困難があります。

人間は自力ではどうやってもこの困難を越えることができません。そして「死」のあるところ、それに付随する不安や苦しみや悲しみは必ずつきまといます。

また「生」にも苦しみや悲しみはつきまといます。アダムが禁断の実を食べたときに「お前はこれから、苦しんで食を得なければいけない」と言われた通りです。神様はときに人に、自分ではとても越えられないような苦しみや悲しみや困難を与えます。

しかしそれは神様の意地悪ではないんです。そんな困難がなければ、人は決して神様に助けを求めないですし、赦《ゆる》しを求めることもありません。きっと聖書を開くことだって、教会に行くことだってなくなるでしょう。

聖書の偉人たちも、自分ではどうにもならない困難にみんな直面しました。そんなとき、彼らは聖書を開いたり、祈ったりして、神様と一緒にその困難を乗り越えました。そして、神様と仲良しになりました。

子どものころ、ときどきプラモデルを作りました。でも自分で全部簡単にできてしまったプラモデルよりも、自分ではうまくできなくて父に手伝ってもらってやっとできたプラモデルの方が後々までずっと愛着が残りましたし、何より父との良い思い出になりました。

神様が与える「自分では越えられない困難」は、この「手伝ってもらわないとできないプラモデル」みたいなものです。そんな困難を与えるとき、神様は「これ、きっとお前には難しいから、一緒に作らないか？」って言っているんです。そこで「嫌だ！自分だけで作る！」と断ったらお父さんはがっかりしてしまいます。

人生は、神様と一緒に組み立てるプラモデルです。それはとても複雑で難しいプラモデルですが、神様が用意した完璧なプラモデルですから、「パーツが足りない」なんて事態はないんです。神様と一緒に丁寧に作っていけば、必ず完成するんです。

ですから、本当に辛いこと悲しいことに出会ったら「越えられない試練はないんだから越えてやる！」と思うよりも、**素直に「神様、僕には越えられません。助けてください」と告白してしまう方が、いいんです。強がらなくていいんです。**お父さんに手伝ってもらった方が、綺麗なプラモデルができ上がりますし、何より楽しい思い出になって、仲良しになれます。

怒ったっていいんです

イエス様だって怒った

怒ることを悪いことだと思っている方はいませんか。**しかし、聖書を読むと必ずしも怒りは悪い感情であるとはされていません。**

人間が抱くべきではない欲望や感情を示したものとして有名な「七つの大罪」の一つに「憤怒」がありますが、実はこの「七つの大罪」は4世紀ごろに生まれた概念であって、聖書自体にはその記述はありません。

それに、ここで挙げられている「憤怒」は「激情」とも訳されます。つまり「感情のコントロールを失った状態」を指しているのであって、コントロールされた正当な怒

りを否定したものではありません。

その証拠に、聖書の中にはイエス様が怒るシーンがいくつか描かれています。いちばん有名なものは「宮清め」と言われるもので、エルサレムの神殿で商売をしている人たちに対して「神聖な場所で商売をするとは何ごとだ」とイエス様が怒り、商人たちを追い払う、というエピソードです。

また、旧約聖書を読めば神様が怒るシーンは枚挙に暇がありません。**「正当な怒りは罪ではない」というのが聖書のメッセージです。**

怒りは「問い」

怒っている人を観察してみてください。いや、本当にその場で観察なんかしちゃうとさらに怒られたりしちゃいますから、怒っている人を思い出してみてください。**その人は「なんで⁉」とか「どうして⁉」という言葉をたくさん発していませんか？**

実は怒りって「問い」なんです。「問い」の中で、特に強い感情や行動を伴うものが

怒りなんです。「問い」って決して悪いものではありませんよね。むしろ良いものだったりしますよね。

聖書のエピソードで言えば、「宮清め」の怒りは「ここは聖なる場所なのに、どうして君たちは商売をしているのだ?」という問いですし、旧約聖書の神の怒りは「君たちは選ばれた民で、私はこんなに君たちを祝福しているのに、どうして私をないがしろにするようなことをするのだ?」という問いなんです。

神に問うことは決して罪とはみなされません。天を見上げて「神様、どうしてですか?」と問うことはモーセ、アブラハム、ヤコブ、ヨナ、イザヤ……と、聖書に出てくる多くの偉人たちがみんな、しょっちゅうやっています。

イエス様でさえ、十字架につけられる前に神に「どうしてですか」と問うています。

そしてそれはむしろ良いことだとされています。問うということは答えを求めている、ということであり、神の答えを待ち望むことであるからです。**それは祈りの一種なのです。**

大切なのは「問い続けること」

「怒らない人がいい人」というイメージが世間には定着しています。怒りっぽい自分の性格を直したい、と悩んでいる人も多いかもしれません。しかし、「怒りっぽい人」は「よく問う人」なのです。**神に対して怒る人は「よく祈る人」なのです。**

もちろん、むやみやたらに怒ったり、八つ当たりのように怒ったり、そういうことは良くありません。また最初に書いたように、感情のコントロールを失った状態になることも良くありません。

そういう状態を防ぐため、感情のコントロールを保つには先ほどの**「怒りはすなわち問いである」**という視点が非常に有用です。

怒りが生じたときに、「自分は今、何を問おうとしているのか」と考えてみてください。そうすれば怒りに伴う激情に振り回されることなく、自分の言動をコントロールすることができます。

「問い」である以上、目的は「答え」であるはずです。答えを求めるために、ときには強い言葉や行動も必要かもしれませんが、**あくまでも目的は答えであって、相手への攻撃ではありません。**

答えてくれる人がいない「問い」はどうすればいい？

ここまで「怒りはすなわち問いである」という視点についてお話ししてきました。

でも、この世には答えてくれる人がいない問いもあります。答えが欲しいのに、その答えを持っている存在がいない、誰が答えを持っているのか分からない、または答えを持っている人が答えてくれない……。

そのように「答えの与えられなかった問い」「行き場のなくなった問い」は、「やり場のない怒り」「行き場をなくした怒り」へと姿を変えます。「答え」が与えられない問いは暴走し、相手への「攻撃」に目的を求めてしまうのです。

これが、怒りの一種である「報復」の正体です。

報復の連鎖とは、互いに答えを与えず、ゆえに互いに問うことをやめ、怒りの本質である「問い」を失ってしまった状態だと言えます。しかしそれでもまだ、怒りは答えを求めているのです。

これは明らかに不健全な怒りであり、「七つの大罪」の「憤怒」にあたります。

しかし、こうした感情に支配されてしまったときでも、**「自分の目的は何かへの攻撃ではなく、あくまで答えなのだ」ということを知っていれば、感情をコントロールしやすくなるはずです。**

神様は、いつでも問いをぶつけられる相手

不幸を目の前にして「どうして」と問うこと、これは人間として自然なことではないでしょうか。ときに答えは与えられないかもしれません。余命告知をされてしまった患者はまず医者に問うでしょう。しかし医者もすべての問いに答えられるわけではありません。そこでその問いは行き場をなくしてしまいます。

しかしそれでも問い続けること、それが怒りを暴走させないために必要なのです。医者に問うことには限界がありますが、神様にはとことんまで、いつまでも問い続けることができます。**「ひたすら問い続けられる相手がいる」というのが、クリスチャンの特権の一つでもあります。**

だから、ときには怒っていいいんです。そこに「問い」がある限り。

信じる者しか救わない神様は、せこい？

宝くじの当せんをどぶに捨てる人たち

僕がまだクリスチャンになるずっと前の中学生くらいのころ、B’zがとても流行っていまして僕もよく聴いていたのですが、その中で**「信じる者しか救わない　せこい神様」**[※]……なんて詞の歌がありました。当時の僕は「まったくその通りだ。神様なら信じなくても救ってくれればいいのに」と思いました。

※　「愛のままにわがままに僕は君だけを傷つけない」作詞：稲葉浩志　より

ところで皆さん、宝くじは好きですか？
僕はたまに買います。「当たったらあれもできるし、これもできる……」と、当せん発表の日まで想像するだけだって楽しいですから。

でもこの宝くじ、せっかく当たっても当せん金を取りにいかない人が毎年かなりの人数いるんだそうです。もったいない、あまりにもったいない！　その「もったいない」の総額は毎年何十億円にもなるそうです。もったいなさすぎる！

取りに行かない人たちのほとんどは、自分が当せんしたことを知らないんだそうです。そりゃそうですよね、知っていたら取りに行きますもんね。彼らがそんなもったいないことをしてしまうのは「どうせ当たるわけがない」と思っているからです。

だから新聞やインターネットで「〇〇番の方！　アタリですよ！　お金取りに来てください！」と一所懸命お知らせされていても、それに気付けません。そしてたくさんのお金をもらう権利があるのにもかかわらず、「お金がたくさんあったらいいなぁ」なんて言いながら、その権利を使わずに過ごしてしまうんです。

そのまま1年が過ぎると、宝くじの当せん金は時効を迎えて「もったいない」が確定してしまいます。ちゃんと当せん番号は知らされていたのに！　1年も時間の猶予があったのに！　もったいないにもほどがある!!

「救われている」のに「救われに行かない」からもったいない

さて、聖書の話に戻ります。**実は聖書の教える「救い」というのは、この宝くじのようなものです。**しかもすごいことに、この宝くじは全員アタリです！

聖書にはよく「福音」という言葉が出てきますが、これは「良いおしらせ」「グッドニュース」という意味であり、いわば「宝くじ当せんのお知らせ」なんです。「皆さん!! アタリですよ!! 取りに来てください!!」と教えてくれているんです。

この「当せん金を受け取る」のが、クリスチャンになるということです。

一方で「当たるわけがない」とか「自分には関係ない」とか思っていて、その「アタリの知らせ」である「福音」を聞かない人もいます。そういう人は「当せん金」である「救い」を受け取ることができません。

そして、宝くじの時効が1年であるように、この「救い」の受け取りにも時効があります。「死ぬまで」です。神様はできるだけ多くの人にこの「救い」を受け取って欲しいので、できるだけ長く待ってくれます。だから死ぬまで待ってくれるんです。でも逆に言えばそれが限界です。**死んでしまってから「救い」を受け取ることはできません。**

教会は「受け取り窓口」

そんなわけで「信じる者しか救わない神様はせこい」というのは少々的外れな意見で、「救われる権利があるのに救われにいかない人はもったいない」というのが、クリスチャンの気持ちとしては近いです。

たとえるなら、当せん番号発表をする新聞やインターネットにあたるのが**「聖書」**で、当せん金の受け取り窓口になるのが**「教会」**です。聖書を読めば「あ、自分も当たってるんだ」ということが分かりますし、それが分かったら教会に取りに行けばいいんです。

幸せはいつもそこにあるんです

幸せに向かって歩く必要はない

「しあわせは歩いてこない　だから歩いてゆくんだね」※

ずいぶん昔にこんな歌が流行りましたよね。「一日一歩三日で三歩」。なんだか前向きになれる歌で、僕もたまに口ずさんだりしてしまうんですけれど、しかし、キリスト教的な考えはこの歌とはちょっと違います。

何が違うかと言えば、幸せを「ここではないどこか」にあるものとしてしまっているところです。歩いてゆかねばならないということは、「ここにはない」ということですからね。**キリスト教では、幸せは「いまここにあるもの」と捉えるんです。**

旧約聖書には、イスラエル人たちがエジプト王の支配から逃れてカナン（パレスチナ地方の古代の名称）に脱出する、いわゆる「出エジプトの旅」というエピソードがあります。

脱出を率いたリーダー、モーセに対して、イスラエル人たちは「お腹がすいた！こんなことならエジプトにいた方が良かった」と、愚痴り始めました。リーダーやるのも楽じゃありません。

そこで神様は「マナ」と呼ばれる食べものを、毎日、天から降らせて彼らに与えることにしました。マナがどんなものであったのかは定かではありませんが、白くてふわふわで甘くて、とにかくおいしかったようです。

神様は言いました。「毎日、その日の分だけをとって食べるように！　翌日まで持ち越すと腐ってしまうから。明日の分はまた明日降らせてあげるから心配いらないよ」

※　「三百六十五歩のマーチ」作詞：星野哲郎 より

ここでの「マナ」が、キリスト教における「幸せ」のあり方を示しています。つまり、**幸せは「明日」にはなく「今日」にしかない**、ということです。

現代にたとえるなら、ネットゲームとかの「ログインボーナス」に似ています。ゲーム内で何かを成し遂げなくても、ゲームを起動するだけで毎日もらえるボーナスですが、その日の分はその日のうちにしか受け取れません。

「昨日受け取り忘れたから、昨日の分ちょうだい」と言ってもダメです。「待ちきれないから明日の分をちょうだい」と言ってもダメです。

明日の苦労は考えない

幸福とは反対の、苦しみについて、イエス様はこんなことを言っています。

「明日のことを思い悩んではいけません。今日の苦労は今日のうちに十分にあります」

これって国民性なのかと思うんですけれど、日本人って明日のために今日を犠牲にする傾向が強いですよね。

「良い幼稚園に入るのは良い学校に行くため、良い学校に行くのは良い会社に入るため、良い会社に入るのは老後の安心のため……日本人は幼稚園に入る前から老後の心配をして生きている！」

……なんて、外国の方が日本人を風刺した一種のジョークがありますが、真理をついているところはあると思います。

もちろん、将来の心配をするのは日本人だけでなく、世界中のほとんどの人が大なり小なり将来を心配しています。イエス様の周りの人たちもきっとそうだったのでしょう。だからイエス様は「明日のことは心配するな！」と言ったんです。

当然ながら「今日が良ければいいんだよ！　ヒャッハー！」と、刹那的な生き方をしろと言っているわけではありません。明日のことを考える必要はあります。

しかし、明日の苦労にばかり気をとられ、今日の幸せをないがしろにしてしまうのは本末転倒ではないでしょうか。日本ではよく「一日一善」と言われますけど、それと同時に「一日一幸」、これを心がけてみるのも良いかもしれません。

「最初の小さな幸せ」を探してみる

クリスチャンがよく口にする言葉に**「数えてみよ、主の恵み」**というのがあります。人って「あれが足りない。今日はあれができなかった」と、ついつい自分の不幸や不満ばかりを数えてしまいがちです。しかしそうではなくて、**日々、神様からもらった恵みを数えてみなさい、というのがこの教え。**人は追いつめられれば追いつめられるほど、これができなくなるものです。

そんなとき、教会ではクリスチャン同士、「一緒に主の恵みを数えてみましょう」とお祈りをしたりします。そこに今抱えている問題の突破口が開かれることも少なくありませんし、少なくとも「神様は自分を決して見放してはいない」と、前向きな気持ちになれたりするんです。

またこの「共に祈る」こと自体が心の安らぐ幸せな時間であり、それだけですでに「一日一幸」、そのあとで飲んだコーヒーがおいしければ「一日二幸」、帰り道で見た

夕日が綺麗なら「一日三幸」……と、最初の小さな幸せが見つかると、その日はほかの幸せも見つかりやすくなります。

しかし、最初の幸せがないと、コーヒーもおいしく感じなかったり、夕日も見逃してしまったりします。

ですから、もし「幸せじゃないな」と感じていらっしゃる方がいたら、まず毎日「最初の小さな幸せ」を探してみてください。そしたらきっとその日はいくつもの小さな幸せが見つかります。一日の終わりに、見つけた幸せを日記にメモしてみてもいいかもしれません。読み返すたびに、幸せのコツが分かってきて、いつしか毎日しっかり「今日の幸せ」を感じ取れるようになります。それをずーっと続けていれば、きっとずーっと幸せです。

実は僕も幸せを感じるのがあまり得意ではありません。それで近頃は手帳をいつも持ち歩いて、幸せを見つけるたびに忘れる前にできるだけその場で書き留めるようにしています。

「窓から入って来た日差しが気持ちよかった」とか「コーヒーにサービスで付いてたクッキーがおいしかった」とか「晩ご飯のきんぴらごぼうが上手にできた」とかです。で、一日の最後にそのメモを見返しながら「神様今日もありがとうございました」とお祈りをして、寝るんです。

この習慣をつけてから、ずいぶん機嫌の良い時間が増えました。ベッドの中で悶々と眠れない夜も減りました。オススメの方法です。

神様に任せた方が、うまくいく

「夢至上主義」はちょっと疲れる

「海賊王に、おれはなる！」というセリフが有名な海賊のマンガ、僕も好きでよく読みます。

あのマンガに限らず、マンガの主人公の多くは自分で明確な夢や目標を描き、困難を乗り越えながらそれを実現していきます。また、世間でも「なりたい自分になる」「自己実現」というような言葉が流行っています。こうした生き方、僕は正直なところ嫌いじゃないです。とてもかっこいいし、ロマンに溢れる生き方だと思います。

しかし、みんながみんなこの生き方をできるわけではありません。**マンガの主人公**

というのは大抵、気力と体力に満ちあふれているものですが、僕たち生身の人間はそんなに気力体力が充実しているとは限らないからです。

疲れるときだってありますし、気力の湧かないときもありますし、風邪をひいちゃうときだってあります。そんなときに「君も夢を持って頑張ろう！」とか「目標は大きく明確に！」とか言われてしまうと、疲れちゃったり、かえって落ち込んじゃったりしませんか。

ただし、この世界で唯一、気力体力無尽蔵な存在がいます。**それは神様です。だから神様は大きな夢を掲げて、大きなことを成し遂げられるんです。**

そして神様は何かを成し遂げるとき、人間を使います。「ねえ、そこの君、これやってくれる？」と。それに「はい、やります！」と応えるとき、私たちは神様の無尽蔵の気力体力を借りて、大きなことを成し遂げられます。

クリスチャンが祈るときよく使うフレーズに「用いてください」というのがあります。これは「神様の目標のために私を使ってください」という意味です。

人は自分の使命を知ることができない

実は聖書の偉人たちの中に「〇〇に、おれはなる！」と明確な目標を持って、その〇〇になった人はいません。

イスラエル人のリーダーだったモーセは「イスラエル人のリーダーに、おれはなる！」なんて思っていません。むしろ神様に「君、リーダーやってね」と言われたときに「嫌です、私なんて無理です。ほかの人に頼んでください」と断りまくっています。

羊飼いから王にまで成り上がった聖書界ナンバー1下克上男のダビデも、神様に「君を王にするからよろしくねー」と言われて「え、そうなの……!?」と思っているうちに、あれよあれよと王様になってしまった感じです。

ダビデの息子ソロモンは自分から神様に「世界一の知恵者にしてください」とお願いしているので、自分の意志は感じますが、その知恵は「いいよー、その心意気やよし！」と神様がポンと与えてくれたものなので、やっぱり自分で夢を持ってそれに向かって邁進《まいしん》した、というのとはちょっと違います。

しかし、イエス様だけは例外です。「救世主に、おれはなる！」と最初から自分の使命を知っていましたし、それに向かってまっすぐに生きました。**正確に言えば「おれはなる！」ではなく「救世主です、私は！」と宣言したのですけれど。**

でもイエス様は神様ですからね。神様だからできたんです、それ。神ではない、ただの人間には、自分の使命を自分で知ることはできません。まして自分で設定することはできません。

人間は自分の人生に何が起こるのか、ほんの1分先の未来も分かりませんし、自分の髪の毛1本さえ、勝手に生やすことも、白髪を黒く変えることもできません。

だからクリスチャンは神に委ねる

世の中では「自分の目標は自分で決めろ！」ってよく言われますけど、なかなか決められないことだってありますよね。何かを決めるってとてもエネルギーを使いますし、ましてそれが人生の目標ならなおさらです。

「決めなきゃいけない。でも、決められない」……そんなもどかしさや焦りを感じている方はいませんか。それなら、そのもどかしさや焦りを感じつつ、なんとなく居心地悪く生きるよりも、まずは決めずにゆるりと身を任せて生きてみるのだって、悪くないいんじゃないでしょうか。


クリスチャンは、そんなわけで神様に身を任せます。**自分で決められないなら決めなくていいんです。「神様決めてください」でいいんです。**むしろその方が大きなことができるかもしれません。

「私には身を任せられる神様もいない」という方も、いらっしゃるでしょう。それなら「身を任せて生きてる奴もいるんだ」と思ってみてください。それだけで少し気が楽になりませんか。

「キリスト教」と「科学」は犬猿の仲？

博士と助手の「地球儀の話」

この世はすべて神がつくった。聖書にはそう書いてあります。

聖書の内容を信じると、進化論をはじめとするいくつかの科学的な理論を否定することになるのではないかと、不安に思う方もいるでしょう。

あるところに、神様を信じている博士と、まったく信じない助手がいました。

助手が言いました。

「世界を神様がつくったなんてよく信じられますね。世界は宇宙のチリやら何やらが長い年月をかけて偶然うまいぐあいに組み合わさってできたんです。そこに神の意志なんてないんですよ。博士ほどの科学者が、どうしてそこに神の意志なんてものを持ち出すんですか?」

博士はテーブルの上の地球儀を指差して言いました。「この地球儀、立派じゃろ? お気に入りなんじゃ、ふぉっふぉっふぉ」。助手は言いました。「はい、とても立派な地球儀ですね。どこの誰が作ったものなんですか?」

博士「誰もこれを作ってなんていないぞ。そこらの空気中のいろんな元素がたまたまうまいぐあいに組み合わさって、たまたまこの地球儀になったのじゃよ」

助手「そんなわけがないじゃないですか! そんな偶然、あるわけがありません!」

博士「この地球儀が偶然にでき上がったのを信じられない君が、どうして地球儀よりも遥かに大きくて、遥かに精密で、遥かに豊かなこの世界が、偶然にでき上がったなんて信じているのじゃ? ふぉっふぉっふぉ」

これは「クリスチャンが無神論者をやりこめる」というストーリーの、一種のジョークですが、これを読んで「そうか！　神様はいるんだ！　クリスチャンになろう！」と思う人はさすがにあまりいないかと思います。

僕もこの本で皆さんに「進化論はウソです。創造論を信じましょう！」とは言いません。それはあまりに唐突で無理があると思うからです。僕自身、進化論も創造論もそれなりに文献を漁って勉強してみましたが、まだ生命や種の起源について「これ！」と確信が持てているわけではないので、**「そこは神様が知っていればいいだろう」くらいに思っています。**しかし少なくとも「進化論を信じるより創造論を信じた方が楽しいし幸せだな」とも思っています。

既存の科学に「分からないこと」がまだまだ多いのは事実です。

「科学で証明できないものは信じない」という人は少なくありませんが、科学で証明できないことって、この世界にはまだまだたくさんあるんです。むしろ証明できないことの方が多いのかもしれません。

科学はあくまで「考えるためのツール」

僕はクリスチャンになって、それまで「絶対に本当のこと」と信じきっていた進化論や科学が、意外と「分からないこと」だらけなんだと気付くことができて、そのことがとても良かったと思っています。

そもそも、クリスチャンにならなかったら、こんなに進化論や科学についての雑誌や本を読むこともなかったと思いますし。「知れば知るほど分からないことが増える」というのは、もしかしたら科学も聖書の研究も同じなのかもしれません。

科学は人間に与えられた、とても重要なツールです。神様から人類への最大のプレゼントと言っても過言ではないかもしれません。

それだけ素晴らしいものですが、しかしツールはあくまでツールであって、真理そのものではありません。ツルハシがあればダイヤモンドを掘り出せるかもしれませんが、価値があるのはダイヤモンドであって、ツルハシではありません。**ダイヤモンド**

があるからツルハシも価値があるんです。

世界があるから科学は輝きます。科学だけあっても、その対象となる世界がなければ科学は無と同じです。それは太陽があって月が初めて輝くのと似ています。

そして科学はまだまだ未完成なツールです。未完成だからこそ、今も日々、多くの科学者さんたちが一所懸命に研究をして、発展させ続けてくださっているんです。ありがとうございます。

聖書は「脱・コスパ」の書

キリスト教は「重く」ない

「キリスト教って、たまに教えを取り入れるくらいなら良いけど、信じるとなるといろいろ大変そう」と思っていませんか。というかなんだか「重たい」イメージがありませんか。

無理もなかろうかと思います。

世の中には「費用対効果」とか「コストパフォーマンス」という考えがあります。クリスチャンや教会の言う「あなたの罪はみんな赦《ゆる》されます」という言葉が伝われば伝わるほど、「それには対価が必要でしょ？」と思ってしまうのも当たり前です。

しかし、イエス様は言っています。「私のくびきは負いやすく、私の荷は軽い」と。くびきというのは牛や馬などの首につなぎ、車を引かせるための道具です。今ではほとんど見ませんから実感が湧かないかもしれませんが、とにかく「僕の荷物は軽いよ！　負担にならないよ！　だから担いでみなさいよ！」と言っているんです。

もっと言えば「その荷物、重たいでしょ？　それはそこに置いてしまって、こっちの軽い荷物にしなよ！」ということです。

たしかに世の中の荷物は重いですよね。「将来の不安」とか「自己決定」とか、重すぎる荷物がたくさんあります。それよりもクリスチャンの負うべき荷物はずっと軽いとイエス様は言っているんです。

聖書の世界はコスパが崩壊している

でも、荷物が軽くなる代わりに失うものや、支払わなきゃいけないものもあるんじゃないの？　そう思うのが私たちの世の中の「常識」です。しかし、聖書は「脱・コストパフォーマンス」の書でもあります。**世の中の「費用対効果」のバランスが聖書の世界では完全に崩されているんです。**

たとえばこんな話が聖書にあります。100頭の羊を持っている羊飼いがいて、そのうちの1頭がいなくなってしまったとき、その羊飼いは残りの99頭を置いて、その1頭を探しに行く、というものです。

世の中の常識では「99頭を危険にさらして1頭を探しに行くのはコストパフォーマンスが悪い」ということになります。しかし、この羊飼いはイエス様の象徴です。イエス様はコストパフォーマンスを度外視して、いなくなった1頭を探しに行くというんです。

もちろん私たちは人間ですから「効果が1でもあるなら、費用はいくらでも出す！」なんてことはできません。**しかし神様にはそれができる、**ということです。

また、イエス様は私たち人類全員のために、一人で罪の代償を払って十字架につきました。これも「コストパフォーマンスの原則」で言えばおかしな話です。「全人類の罪を一人で償えるわけがない」と考えるのが「常識」ですから。しかし「1の費用で無限の効果を出す！」のも、聖書のコストパフォーマンス観なんです。

神様は「対価」を求めない

だから「対価の心配は何もしないで、この荷物を担ぎなさい＝聖書を読んでみなさい＝教会においでなさい」というのが聖書のメッセージなんです。

「信じるだけで罪が赦《ゆる》されるなんて虫が良すぎる！」と感じる方も少なくありませんが、「それでいいのだ」と言っているのが神様そのものであるイエス様なんです。

「清く正しい人にならなきゃいけないんでしょ？」「教会にたくさんお金を払わないといけないんでしょ？」「禁欲生活をしなきゃいけないんでしょ？」といろいろな「対価」を想像して「重たい」と思い、聖書や教会を避けてしまう方も少なくありません。

しかし教会は、**神様は私たちにそんな「対価」は求めません。**

何年か前、友人の結婚式に参列するために台湾に行ったとき、ホテルでお金を払おうとしたら「いいえ、すでにお代は受け取っております」と言われました。その友人が先に払っておいてくれたんです。しかも僕が予約した部屋よりも良い部屋に通されました。僕はありがたく、その友人の厚意を受けて、無償で快適な夜を過ごしました。

翌日、彼にお礼を言ったら「僕の式に参加してくれるんだから僕が払うのは当たり前だし、僕が招待したゲストをもてなすために良い部屋にするのも当たり前だよ」と言いました。

クリスチャンになるって、これに似ています。教会の礼拝というのはイエス様主催の**「イエス様を囲む会」**のようなもので、この会に参加するための費用はイエス様がすでにすべて払っておいてくれているんです。

神様は無限の金持ちみたいなものです。だからコストパフォーマンスなんて気にしません。だから全人類を招待しています。あなたも。あなたも。そこで読みながらウトウトしてしまっているあなたも、みんな招待されているんです。

第3章

ゆるーくたどる聖書ストーリー

1600年越しの伏線回収があったりと、
とてつもなく壮大でありつつ、
登場人物は想像以上に人間臭かったりもする
聖書のストーリーをざっと追いかけます。

聖書を読んだつもりになるために

まずは全体をつかもう

キリスト教を理解するには、聖書を読んでいただくのがいちばんなのですが、しかし聖書は分厚い！　長い！　第1章にも書きましたが、読破には年単位の時間がかかります。

そこで、ここではその長い聖書のストーリーをダイジェストしてざっっっっくりと読んでいただこうかと思います。１６００年越しの伏線回収とはどういうことなのか、ふんわりとでも触れていただけたら嬉しいです。

聖書の構造

聖書って大まかに言えば、天地創造からイエス・キリストに至るまでの「ストーリー」なんです。「ストーリー部分」と、「詩」や「ことわざ」や「手紙」などの「補強部分」があるのだと思っていただけると、まずは分かりやすいかと思います。

この章では主にその「ストーリー部分」に的を絞ってお送りします。

天地創造

この世界の何もかもは、神がつくった

この本をお読みの皆さんには「日曜日は仕事がお休み」という方も多いと思います

（もちろん例外もたくさんありますが）。

では、どうして日曜日は休日なんでしょう？　実はそれ、聖書に由来しているんです。聖書の最初、創世記の第1章に**「神様は6日間で世界をつくり上げて、7日目に休んだ」**ということが書いてあります。これにならって、**「7日を『1週間』として、そのうち1日は休日とする」**という習慣が生まれました。

聖書、しかも創世記と言われると「どうせ作り話でしょ？　おとぎ話でしょ？　僕らの生活には関係ないよね」と思う方も多いかもしれませんが、こんな風に私たちの生活に密接に関わっていたりもするんです。

神様は初日にまず光をつくり、2日目に空、3日目に海と陸をつくり、陸に植物を生やしました。4日目に太陽と月と星をつくり、これに「日と年のためのしるしとなれ」と命じています。5日目に陸海空の生物たちを、そして6日目にアダムとイブ、すなわち人間をつくりました。ここまでつくって神様は「よし」と言って7日目に休みました。

これが大まかな天地創造の順序です。**あっさり書いていますが、なかなかのハイ**

ペースで世界をつくっています。

キリスト教的に大事なのは、とにかく**「神様が何もかもつくったのである!」**という宣言が、ここでなされているということです。

さて、神様がつくったものの中で最も注目すべきは何といっても人間なのですが、ここでは最初につくった「光」について、あえて少し注目してみたいと思います。

神様は他のなによりも先にまず光をつくったんです。光を神自身や中心的存在にする宗教や思想はほかにもありますが、光自体をつくる神様はなかなかいません。

最初に「光」をつくったことには、もう一つ面白い解釈があります。皆さん、物理学者のアインシュタインさんはご存知ですよね。このアインシュタインさんが生み出した公式の中で、非常に有名かつ美しいとされているのが「$E=mc^2$」というものです。

これは書き下せば「エネルギー=質量×光速の2乗」という式で、エネルギーも質量も、光の影響なしには存在し得ないということを表しています。

また、アインシュタインさんの相対性理論によれば、時間も光速を基準に存在するものです。

つまり、エネルギーと質量と時間、それらすべての基準になるのが「光」なんです。

当然、聖書が書かれた時代にはまだアインシュタインさんの公式はありません。それなのに、神様が最初につくったのは「光」だと明らかに書いてあるんです。

「すべての基準」は「秩序」とも言い換えられます。**神様は最初に秩序をもつくったんだと、聖書は言っているわけです。**

……なんだか話がややこしくなって「このコーナー、読むの嫌になったー」という方がさっそく出てきそうな雲行きですけれど、ここでお伝えしたいことは、「聖書は科学の切り口で読んではいけない」**なんてことはない!!**　ということです。

よく「聖書と科学は矛盾するし、相容れないものだ」なんて言葉を耳にしますけれど、科学や理性は、神様が人間に与えてくださったツールです。

神様が与えてくださったツールを最大限に用いて、神様がつくった世界の秩序を解明する、というアプローチだってあるのだということです。実際に世界にはこのアプローチをとる著名な科学者がたくさんいます。

アダムとイブ

人間の「罪」はここから始まった

神様が天地をつくり、動植物をつくり、そして最後につくったのが人間、すなわちアダムとイブです。

私たち人間の始まりであるアダムとイブがどうやってつくられたのか、聖書には詳しく記されています。

アダムとイブは同時につくられたわけではなく、神様はまずアダムをつくりました。

そしてご自身がつくったほかのあらゆるものを見せて、その一つひとつに名前を付けさせました。アダムはその仕事を見事にやってのけましたが、ほかの動物にはみんな仲間がいて助け合って生きているのに、自分だけ仲間がいないことを寂しく感じました。

そこで神様は**「人がひとりでいるのは良くない」**と言って、アダムを深い眠りに落とし、あばら骨を1本とると、その骨からイブをつくりました。

「人がひとりでいるのは良くない」って、現代にまで通じる真理ではないかと思います。**寂しいときや困ったときに助けを求めること。これは決して「弱いこと」でも「情けないこと」でもなくて、人間として当たり前のことなんです。**人間は「助け手」と一緒に生きていくように神様につくられているということです。

さて、アダムとイブはこうして生まれ、苦労も憂いもない「エデンの園」という楽園で何不自由なく暮らしていました。そこがどんな場所であったかは聖書に詳しく記載はありませんから想像するしかないのですけれど、綺麗な水と美しくてしかもおいしい実のなる木々がたくさんあったようです。

彼らに課せられたルールはたった一つ。「この園の中央にある樹からは実を食べてはいけない。食べたら死んでしまうよ」だけでした。

しかし悪魔の化身である蛇がイブをそそのかしました。**「この実を食べると死んでしまうと神様が言ったそうですが、死にはしませんよ」「むしろこの実を食べると賢くなって、神様のようになれますよ」**と言葉巧みに誘惑し、最初は拒んでいたイブもついにこの実を口にしてしまいます。そしてイブに勧められたアダムも、この実を食べてしまったのです。

すると、二人は急に自分たちが裸であることを恥ずかしく思いはじめ、イチジクの葉で腰巻きを作って身につけました。**「羞恥心」はこのように、「罪＝神様のコントロールから外れること」によって生まれたのです。**人は本来、人の目を気にして生きるようにはつくられていませんでした。だってほかの動物を見回してみても、人間以外には他者の目を気にして羞恥心を抱く動物はいないでしょう？

そして二人は神様の目をも避けました。約束を破ってしまった自分たちが後ろめたかったんです。

しかし当然神様に見つかり、「君たちは食べちゃいけないと言ったのに、あの実を食べてしまったんだね？」と問いつめられました。するとアダムは「イブが勧めたから食べたんです」と、イブは「蛇が勧めたから食べたんです」と、お互いに責任転嫁を始めました。

自分の非を認めずに人に責任を押し付けるというのは私たちの社会でもよくあることですが、これも「罪」から来る行いなんです。

もちろん、そんな言い訳が神様に通じるわけもなく、二人はエデンの園から追放されてしまいました。さらに神様は、アダムには「食べるためには汗を流して働かねばならない」、イブには「子どもを産むには苦しまなくてはならない」という罰も与えました。

そして何よりの罰は「いつか必ず死ななくてはならない」ということでした。

しかし神様は同時に優しさも見せます。「裸で恥ずかしいのはあの実を食べちゃったせいだけど、恥ずかしいままでもかわいそうだから」と、二人に皮の服をプレゼントしてあげたのです。

罪を犯してしまったことは叱ったし罰も与えた。**それでも神様は二人を愛していたんですね。**

カインとアベル、そしてセツ

神様は厳しいけど愛がある

エデンの園を追放されたアダムとイブには、やがて子どもが生まれ、長男がカイン、次男がアベルと名付けられました。

ここで世界初の子育てが行われたわけです。大変だったでしょうね。育児本も先輩ママ・パパのアドバイスも保育園も粉ミルクも何にもないんですから。聖書にはそのあたりのことは記されていないんですけど、**でもそんな「書いていないこと」を想像**

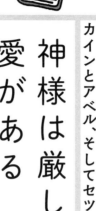

しながら読むのも、聖書の味わい方のひとつかと思います。

息子たちは成長し、カインは農耕、アベルは羊飼いをするようになりました。あるとき、この兄弟は神様に捧げものをしました。カインは作物を、アベルは羊を捧げたのですが、神様はカインの持ってきた作物は目にも留めず、アベルの持ってきた羊だけを喜びました。

「えっ、神様ってえこひいきするの？」と疑問を抱いてしまうようなシーンですよね。しかし聖書をよく読むと、カインの持ってきたものについては単に「大地の実り」と書かれているだけですが、アベルのものは「自分の羊の初子の中から、肥えたもの」と書いてあります。

自分の持つものから、いちばん上等なものを捧げたアベルの心を、神様は喜んだのだと言われています。

しかし、カインは神様のこの反応にいじけて怒ってしまいました。その怒りの矛先は弟アベルに向かいます。**カインはアベルを野原に誘い出し、あろうことか襲いか**

かって殺してしまったのです！　これが「世界で初めての兄弟喧嘩」とか「世界で初めての殺人事件」と呼ばれる出来事です。

神様はカインに問いました。「カイン、アベルはどこに行った？」

カインは「知りませんよ。私はアベルのお守ではないんですから」と、ごまかそうとしました。

そこで神様は「いやいやカイン、君が殺したのは分かっているよ」とカインを叱り、それまで住んでいた土地から追放しました。

しかし神様は罪を犯したアダムとイブに皮の衣の温情を与えたように、ここでもカインに「カインをいじめる奴には7倍のしっぺ返しがくるように」と印を与えました。

「罪」は罰せられるべきことではあるけれど、それを犯してしまってもなお、神様は私たちを愛し続けてくださる。このことは非常に大切な私たちへのメッセージです。

「あれ？　アダムとイブの子どもたちって人類みんなのご先祖さまじゃないの？　ここで跡取りがいなくなっちゃおかしいんじゃないの？」と、思う方がいらっしゃるかもしれません。でも大丈夫、アダム・イブ家にはちゃんと彼らの弟が生まれます。

その弟の名はセツと言います。**このセツさんが、このあとにずーっと続く聖書ストーリーの登場人物たち、ひいては私たちの祖先になるわけです。**

しかしこのセツさん、名前が出てくるだけで、聖書には何一つエピソードが記されていません。人類にとって、すごく重要な人物のはずなのに、クリスチャンであっても「セツ？　誰だっけそれ？」という人だっています。ましてノンクリスチャンの方であれば知らなくてもまったく無理はない名前です。だけどできましたら、ここで覚えていただければ幸いと存じます。**「重要人物なのに影が薄くてセツない」**と覚えると覚えやすいです。

ノアの方舟《はこぶね》

ろくでもない人間をリセットして、世界をやり直す

アダムとイブからセツを経て何代かたつと、地上に人が多くなりました。けれど人は「罪」を犯し、すなわち神様のコントロールから外れてしまったゆえに、神様を無視して好き勝手に生きるようになってしまいました。

これを見た神様は「人はあんまり長く生きるとロクなことをしない。それじゃ、人の寿命は１２０年ということにしよう」と決めました。そんなわけで、現代に至るまで、私たち人間の寿命はどんなに長くても１２０年くらいになっているわけです。

しかし、その短縮された寿命でさえ、人は悪いことばかりやるので、神様はいよいよ怒ってしまいます。それで**「このやろ。もう怒った。人間をつくったのは失敗だった。人間はいっぺん全部消してしまおう」**と、洪水で地上のあらゆるものを流し去ってしまうことにしたのでした。

でも、人間の中で一人だけ、神様に従ってまじめに生きていたノアという人がいました。神様はノアに言いました。

「ノア、世界があんまりにひどいから洪水で滅ぼすことにしたんだけど、君だけは助けてあげる。と、いうわけで洪水に耐えられる方舟《はこぶね》を作って、君の家族と、あらゆる動物のカップルを1組ずつ、その方舟に乗せるようにしてね。方舟の設計はしておいたから、その通りに作ってね」

私たちがいきなりそんなことを言われたって「またまた神様、ご冗談を～！」と信じないかもしれません。しかしノアは素直に信じました。信じてまじめにその設計の通りに方舟を作り上げたのです。

方舟ができあがると神様は本当に洪水を起こし、世界のあらゆる陸地を水の下に沈めてしまいました。

しかし、方舟に乗ったノアとノアの奥さん、三人の息子セム・ハム・ヤペテと三人それぞれの奥さん、あらゆる動物のカップル1組ずつは助かりました。

そして神様はノアに約束しました。「もう二度とこんな、洪水でみんなを滅ぼすようなことはしないから、これから安心して暮らしなさい」と。**そのときに、その約束の証として現れたのが虹です。**ノアは世界で初めて虹を見た人なんです。

壮絶な話でありながら最後はちょっとロマンチック。これが有名な「ノアの方舟」の大まかなストーリーです。

ところで、神様に特別に選ばれたくらいなんだから、ノアさんはよっぽど品行方正な人だったと思いきや、実は意外と必ずしもそうではなく、洪水のあと酔っぱらって裸で寝て、それを見た息子ハムを「見ぃたぁなぁ～！」と呪ったなんていう理不尽な話も聖書にはっきりと記されています。

若いころは立派な人だったのに、年をとってから言動がおかしくなって晩節を汚し

てしまうタイプの人って歴史上にちょくちょく出てきますよね。あとで出てくる聖書のソロモン王もそうですし、日本史なら豊臣秀吉がそのタイプと言えるでしょう。ノアもまた、そんなタイプの人だったのかもしれません。

大事なのはそういう「不都合な事実」も聖書にちゃんと記されている、ということです。**神様に選ばれた人間でさえ、人間である以上完璧なわけがなく、そういう人間臭い理不尽な行動をしてしまうこともある。それを聖書は示しているのです。**

95ページでも紹介した新約聖書の「義人はいない。一人もいない」という有名なことばは、「完璧に正しい人なんて一人もいない」ということを言っています。これはキリスト教においてとても大切なことなんです。

バベルの塔

人間は、神になろうとする

「どうして世界にはいくつもの言語があるんだ。一つだけだったらこんな苦労はしなくてすむのに!!」

中学生や高校生のころ、英語の勉強をしながら誰もが一度はこう思ったことがあるのではないでしょうか。きっと人類は大昔から、この問題に悩まされ続けてきたことでしょう。

聖書には、「大昔の人類はみんな共通の言語を話していた」と書いてあります。そしてその言語がバラバラになってしまったいきさつが書かれているのが、短い記載にもかかわらず聖書を語る上では欠かせない人気エピソード「バベルの塔」です。

ノアの方舟《はこぶね》のあと、人間たちは結局また神様を無視して悪いことばかりするようになってしまいました。そして「みんなで高い塔を建てて、天にまで届かせよう」と、大きな塔を作る計画をたてます。

それを見た神様は怒り**「こいつら、好き勝手に話をさせておくとロクなことをしないな。よし、それなら言葉をバラバラにしてコミュニケーションを難しくしてやろう」**と決めました。

みんながバラバラの言葉を話すようになると、当然ながら円滑なコミュニケーションができなくなり、これまた当然ながらこの塔の建設計画は頓挫しました。

さて、神様はなぜ高い塔を建てようとしたことに怒ったのでしょう。実はその理由は「高さ」ではなく「動機」にあります。

人間たちが塔を建てた動機は「高い塔が欲しかったから」ではなく「俺たちは神様に匹敵するのだ」という自己主張をしたかったからでした。その傲慢さに、何より神様は怒ったんです。

神様が最も怒ること、つまり「罪」の最たるものは「人間が神になろうとすること」

です。その心が「言語の混乱」という結果を招いたのであって、必ずしも物理的な高さが問題だったわけではありません。

ですから、このエピソードが示す教訓は「あんまり高い建物は建てないようにしよう」ではなく**「神様になろうとか、神様を超えようとか思ってはいけない」**です。

その思いがとんでもない結果を招くということが、この話のみならず、聖書のあちこちに書いてあります。

信仰の祖、アブラハム
自分の子どもを生贄《いけにえ》にできますか？

「アブラハムには7人の子♪」という歌で有名なアブラハムさんですが、実は聖書の超重要人物なんです。

「聖書の」というか、世界史上の超重要人物です。**なぜなら彼はキリスト教・ユダヤ教・イスラム教において「信仰の祖」と呼ばれる人で、この人がいなければこの三宗教は存在しないからです。**そんなわけでこの三宗教はまとめて「アブラハムの宗教」と呼ばれます。新約聖書のマタイの福音書の冒頭にある系図（新約聖書を開くと最初に出てくる、延々と人名が続く一見ナゾのページ）も、彼が起点とされ、イエスが彼の子孫であるということが強調されています。

アブラハムはほかの聖書の登場人物と同じように、決して完璧な人間ではありません。失敗をして神様に怒られたことも何度もあります。しかし、ここぞというときには必ず神様に従いました。

最終的に7人の子をもつアブラハムですが、息子のイサクが生まれたときはなんと100歳！　奥さんのサラさんも90歳という超高齢出産でした。

アブラハムは「その場所は君のものになるし、君の子孫はここで大いに栄えるよ」という神様のメッセージを受けて「約束の地」であるカナンへの旅に出ました。しかし彼は当初、自分の子孫が繁栄するなんて、とても信じられませんでした。なぜならすでに自分は75歳だし、妻のサラも65歳だったからです。

そこでサラと話し合った結果、若い女奴隷にサラの代わりに子どもを産ませたのですが、神様から「違う違う、そうじゃなくてちゃんとサラから生まれるんだよ！」と怒られてしまいました。

そしてアブラハムが１００歳、サラ90歳のときに神様は「子どもができたよ！」とお告げをします。アブラハムは「わぁ！　なんてありがたい！　すごい！」と神様にひれ伏しましたが、サラは「そんなわけないでしょ神様！」と笑ってしまいました。しかし本当に息子が生まれたので、その子はイサク（「笑う」という意味）と名付けられました。

アブラハムはイサクをとても可愛がりました。それなのに、神様はアブラハムにとんでもない命令をします。

「イサクを生贄《いけにえ》として私に捧げなさい」

アブラハムは最愛の、しかも神様から奇蹟のように与えられた息子であるイサクを生贄《いけにえ》にすることに心を痛めましたが、「神様が言うんだから」と、素直にその命令に従い、イサクを山に連れていって、彼の心臓めがけてナイフを振りかざしました。

その瞬間!!

「はいやめ! 中止! 君がすごく素直で信仰深い人だってよく分かったからもうイサクを生贄にしなくていいよ!!」と、神様からストップがかかります。

神様はイサクの命が本当に欲しかったのではなく「自分の本当に大切なものをも、神に捧げられるか」と、アブラハムの信仰を試したのでした。

このとき、神様はこんな風にアブラハムを褒めました。

「あなたは、自分の子、自分のひとり子さえ惜しむことがなかった」

このことばは新約聖書への大きな伏線になります。なぜなら新約に登場するイエスは「神のひとり子」です。神様はそのひとり子であるイエスを「生贄」とした。つまり、アブラハムには負わせなかった犠牲を、自分は人類のために負ったのです。**「神は、実に、そのひとり子をお与えになったほどに世を愛された」**。これは新約聖書のヨハネの福音書という書に出てくることばですが、「聖書を一言であらわすならこれ」と言われるほど、キリスト教にとって大切なものです。

井戸掘りイサク

「最上の捧げもの」ってどんなもの？

アブラハムの子、イサクは「神様の約束の子」として生まれました。父アブラハムに危うく生贄にされそうになりながらも、それでひねくれたりはせず、立派に成長しました。

さて、イサクと言えば井戸です。何を唐突に⁉ と思われるかもしれませんが、イサクと言えば井戸なんです。**イサクはたくさん井戸を掘ったことで有名な人で、逆にそれ以外のエピソードはあまり聖書には記されていないんです。**

父であるアブラハムや息子のヤコブにはたくさんのエピソードが残っているのに、イサクが活躍するシーンと言えば井戸掘りしかありません。ちょっと気の毒ですが、それでもイサクの井戸掘りの話は立派なものです。

当時のパレスチナ地方では水は貴重なもので、命そのものと言っても過言ではないほどでした。住んでいたカナンが飢饉《ききん》になったとき、イサクは神様に命じられてゲラルという場所に引っ越しました。そこで種を蒔くとその土地は豊かに実り、イサクは一気に裕福になりました。

しかし、元々住んでいた地元住民たちは「あいつ新入りのくせに生意気！」とねたんで、その近所の井戸を全部埋めてしまいました。

水がなければ生きていけませんから、これはかなり悪質な嫌がらせと言えますが、イサクはそこで怒ったり争ったりせずに、新しい井戸をせっせと掘り、ようやく一つ掘り当てました。ところがそこにもまた地元住民たちがやってきて「この井戸は俺たちのものだ！　よこせ！」と、またイサクに意地悪を始めたのです。

イサクはここでも争いを避けて、もう一つ別の井戸を掘りました。するとまたまた地元住民たちが「これも俺たちのものだ！　よこせ！」と意地悪をしました。

「いいかげん、怒りなよ……」とも思えてくるのですけれど、イサクはここでもまた

もや争いを避けて、さらにもう一つ井戸を掘りました。そこには地元住民たちはやってこず、ようやくイサクは安住の地を見つけることができました。

「命そのもの」とも言える井戸を奪われることは、普通なら考えられない屈辱ですし、それを守るために戦うことも、イサクにはできたはずです。それをせずに争いを避けて次々に井戸を掘ったイサクは、とても平和的な人だったんですね。そんなイサクを神様は褒め、さらなる祝福を約束しました。


さらにイサクは、神様をたたえるために、ベエルシェバという場所に祭壇を築き、そこにも井戸を掘りました。自分のための井戸を掘るだけでは飽き足らず、神様のためにも井戸を掘ったんです。**「命そのもの」である井戸は、イサクにとって最上の捧げものだったのでしょう。**

神様は、たとえそれが人の世でどんなに価値のあるものであっても、単なる捧げものは必ずしも喜びません。しかしその人なりの最上の捧げものをするとき、必ずそれを喜びます。そんなわけで、イサクはすっかり「神様のお気に入り」になりました。

エサウとヤコブ

聖書は「因果応報」とは限らない

アブラハムの子イサクは、リベカという美人の妻を得て、双子を授かりました。

二人はまったく正反対のタイプに育ち、**兄のエサウは筋骨隆々で毛むくじゃらのワイルドな肉食男子に、弟のヤコブはインドア派で線の細いマイルドな草食男子になりました。**


あるとき、エサウがとてもお腹を空かせて狩りから帰ってきますと、ヤコブが豆のシチューを煮ていました。

エサウは「すぐにこれを食べさせてくれ！」と頼みましたが、ヤコブは「長子の権利を僕にくれるなら、食べさせてあげるよ」と答えました。ヤコブはちょっと意地悪な性格だったのです。

一方のエサウは非常に淡白な性格で「そんなもん、お前にあげるよ。あげるから早く食べさせてくれ」と、1杯のシチューのために大切な長子の権利をあっさりヤコブに譲ってしまいました。


やがて父イサクが年老いて弱ったとき、エサウに言いました。

「肉が食べたいから捕って来て料理してくれ。そしたらお前を祝福する」

ここでの「祝福する」というのはもちろん文字通りの意味もありますが「正式に跡取りとする」という意味もあります。

シチューの一件で長子の権利は弟のヤコブに移っているのですが、イサクはヤコブよりも兄のエサウに跡を継がせたかったようです。


しかし、イサクの妻リベカはエサウよりもヤコブの方を愛していました。そこでヤコブを呼んで「エサウが出かけているうちに、ヤギを料理してお父さんに食べさせなさい。そうしてエサウの代わりに祝福を受けてしまいなさい」と、入れ知恵をしました。

リベカのこの作戦はあっさり成功し、ヤコブはエサウの代わりにまんまと長子の祝福を得てしまいました。**ヤコブはエサウだけでなく、父イサクをも騙して祝福を得たわけです。**

当然、エサウは激怒しました。「ヤコブめ、ぶっ飛ばしてやる‼」と息巻くエサウを見たリベカは「私のお兄さん、つまりあなたの伯父さんのところに逃げなさい」と、ヤコブを避難させました。

こうして兄から逃げ切ったヤコブですが、後年、エサウに赦《ゆる》しを得ようと手紙を出しました。するとエサウは400人の軍を率いて一直線にヤコブの所に向かってきました。

それを見たヤコブは「殺される〜‼」と怯えて逃げようとしましたが、ところがどっこい、エサウはヤコブを見つけるとニッコニコの笑顔で走りより、思いっきりハグしたのでした。

騙された当時はとても怒っていたエサウですが、あっさりした性格ゆえにとっくに

怒りは冷めており、むしろ弟はどうしているのかとずっと心配していたのでした。

ヤコブが直接的に受けたのは「父からの祝福」ですが、ヤコブのお祖父さんにあたるアブラハムが「君の子孫がとことん栄えるよ」という約束を神様から受けているので、アブラハムの直系としての地位を得ることは、そのまま「神様の祝福」と直結するものでした。ヤコブが手段を選ばずにイサクの祝福を欲しがったのは、このことを分かっていたからで、神様の祝福の価値を誰よりも痛感していたからだと言えます。

このエピソードに対して、ずる賢く兄を騙したヤコブが祝福され、少々浅薄な行動があったとはいえズルをしないナイスガイなエサウが祝福されないなんて神様はおかしい、という意見も多々あります。

しかし、神様の祝福というのは「〇〇だから」とか「〇〇したご褒美に」とかで与えられるものではないんです。神様の祝福は陽の光や雨のようなもの。私たちの行動や努力や善悪とは関係なく与えられるものであって、人間が自らの行動によってコントロールできるものではないんです。

ヤコブからイスラエルへ

「イスラエル」はこうして生まれた

前節のエピソードの中で、兄エサウの怒りから逃げたヤコブは母リベカの言いつけ通り、伯父ラバンのところに向かいました。このとき、父イサクから「ラバンの娘と結婚しなさい」と命じられています。騙されたとはいえ、イサクはヤコブにそれほど怒っていなかったようです。

その言いつけを守ったのか、それとも単にタイプだったのか、ラバンのところに着いたヤコブはラバンの娘ラケルに恋をしました。

「ラケルさんを僕にください!!　代わりにここで7年働きますから」とヤコブが頼むとラバンは承諾し、ヤコブは約束通り7年間働きました。

待ちに待った7年後、結婚の宴が行われました。「やった、ついにラケルと結婚できた！」と喜んだヤコブでしたが、**翌朝起きてみると、隣に寝ていたのはラケルではなく、姉のレアでした。**

当然ヤコブは「約束が違うじゃないか！」と文句を言いますが、ラバンは「いやー、姉より先に妹が嫁に行くのはちょっと……でも1週間たったらラケルも嫁にあげるよ。その代わり、もう7年働いてね」と言いました。

ヤコブは仕方なくもう7年働き、レアとラケル二人を奥さんにしました。そしてラケルとレアの壮絶な「子づくり合戦」の末、12人の息子と一人の娘を授かりました。**この12人の息子たちとその子孫が、後のイスラエル民族の祖となります。**

さて、ヤコブについて最も語るべきエピソードは、「神様vs.ヤコブ」の相撲の話です。あるとき「ある人」が突然ヤコブに襲いかかって、夜明けまで格闘しました。この格闘は「レスリング」とも「相撲」とも言われますが、相撲の方が日本人にはなじみがあるでしょう。苦戦した「ある人」はちょっと反則をしてヤコブの太ももの骨を外してしまいます。股関節脱臼ですから何か月かは歩けなくなる重傷です。

しかしヤコブはそれでもその人から離れようとしませんでした。というのも、ヤコブはその「ある人」が神様だと分かっていたからです。ヤコブは言いました。

「僕のことを祝福してくれるまでは、絶対に離しません」

その執念に打たれた神様は、

「君はもうヤコブではない。神と闘って神に勝ったんだから、これからはイスラエルと名乗るといいよ」と言いました。**こうしてヤコブはイスラエルと呼ばれるようになり、彼の子孫はイスラエル人と呼ばれることになったのです。**

ヤコブはどうしてそこまで神様の祝福を求めたのでしょう。**兄エサウの祝福の権利をシチューで買い取り、父イサクを騙し、そして関節を外されてまでも祝福を求める、その執念はなんだったのでしょう。**

それはヤコブが、自分は「強くも正しくもない人間」だと知っていたからかもしれません。そうであるからこそ「この弱い自分が生きるためには神様の祝福にすがるしかない」と悟ったのではないでしょうか。

現代でも「神の助けを求めるなんて弱い人間のすることだ」とはよく言われること

ですが、正確には、神の助けを求めるのは「弱い人間」ではなく、「自分の弱さを知っている人間」です。

強い者や正しい者が祝福を受けるのではなく、弱さや過ちを認める者が祝福を受けるんです。このことは、キリスト教の考え方の大きな特徴の一つです。

ヨセフの立身出世

裏切られ、陥れられても、人は逆転できる

創世記はアダムから始まり、カイン→ノア→アブラハム→イサク→ヤコブ、と主人公が次々と変わっていきますが「創世記最後の主人公」になるのが、ヤコブの11番目の息子ヨセフです。

ヨセフは美少年で、特別に可愛がられて育ちました。しかしそのせいかナルシスト発言が多く、10人の兄たちから嫌われてしまいます。**そして兄たちの罠にはめられて、エジプトに奴隷として売られてしまいました。**

ヨセフを買ったのはエジプトの侍従長でした。ヨセフは賢く、神様もヨセフを応援したので、ほどなくその主人の側近になり、家の全財産の管理を任されるほど信頼されるようになりました。そのうえ、顔つきも体つきも美少年から完全なイケメンへと成長。

しかしそのイケメンぶりがあだとなりました。主人の奥さんがしつこく誘惑してくるようになったのです。ヨセフは断り続けていましたが、それに腹を立てた奥さんに「私はヨセフに押し倒された！」と濡れ衣を着せられてしまいました。

ヨセフは逮捕され、監獄に入れられますが、神様はヨセフを見捨てませんでした。実はヨセフには「夢占い」という特技があり（この特技ゆえに兄たちから嫌われもしたのですが）、その評判を聞きつけたエジプトの王様ファラオに「ちょっと来て」と呼ばれました。

ファラオはそのとき、こんな夢を見て困っていました。

「ナイル川から肥った雌牛が7頭上がって来て草を食べていたが、そこに痩せ細った雌牛が7頭やってきて、肥った雌牛を残らず食べてしまった」

ヨセフはあっさりとこの夢を解き明かします。

「王様、7年の豊作の後に7年の凶作が来ます。ですから、豊作のうちにしっかりと食糧を備蓄しておき、凶作に備えなければいけません」

これを聞いたファラオは「君はすごいな！　君を大臣にするからエジプト全土を管理してくれ!!」と、ヨセフを自分の次にエラいポジション、今の日本で言えば総理大臣のポジションに抜擢しました。


ヨセフの予言は見事に的中。エジプトには本当に7年の豊作と7年の凶作が訪れました。飢饉《ききん》はエジプトだけでなくその周辺地域にまで及び、ヨセフは備蓄してあった食糧を周囲の地域にも分け与えました。

すると、食糧をもらいに来た人の中に、かつてヨセフを罠にはめた兄たちもいるではありませんか！　兄たちはヨセフの前に立ちましたが、まさかそこにいる「総理大臣」がヨセフだなんて夢にも思いませんでした。
目の前にいるのが兄たちだと気づいたヨセフは「お前たちはスパイだろう‼　違うと言うなら人質をよこせ‼」と意地悪をしたりしましたが、やがて彼らが過去を悔いているのを知ると、自分の正体を明かしました。
「兄さんたち！　僕ですよ！　ヨセフですよ！　お父さんは元気ですか‼　僕のことならもう気にしなくて良いです。すべて神様の計画だったのですから。さぁ、お父さんをカナンから呼び寄せてください。みんなで一緒にここで暮らしましょう！」

……じーん。なんという感動的な再会シーン‼

と、いうわけでヨセフのおかげでヤコブ家は助かり、エジプトの地で子孫を繁栄させることとなりました。

モーセの出エジプト

神様が「本気」を出すとすごい

ヨセフの功績によりエジプトの地で子孫を繁栄させたイスラエル民族でしたが、時代が３５０年ほど進み、ヨセフの功績が忘れられたころになるとエジプト王のファラオから弾圧を受けるようになっていました。

そんな時代に生まれたのが、ヤコブの12人の息子レビの子孫で、映画『十戒《じっかい》』などで有名なモーセです。彼は捨て子になったり王子になったり逃亡者になったりと波乱万丈な人生を歩み、80歳のころは羊飼いとして「人生の晩年」を迎えようとしていました。

そんなあるとき、モーセが山に入ると、なぜか勝手に燃えている柴（小枝）を見つけました。いくら燃えても燃え尽きない柴を見て不思議に思ったモーセが近づくと、神様が「モーセ！」と語りかけました。**なんと、その不思議な柴は神様だったんです。**

「モーセ、私が祝福したイスラエル人たちがいじめられている。だからイスラエル人をエジプトから脱出させて、アブラハムに約束したカナンの地に帰そうと思う。ついては君に、その指導者になってもらいたい」と、神様は言いました。

「えー！　無理ですって！　私は口べたですし、とてもそんな器ではないです。誰かほかの人をあたってください」。モーセは再三にわたって断ります。

しかし神様は一度こうと決めたらそう簡単に考えを曲げる方じゃありません。**「いいから!!　私がちゃんと君を助けてなんとかするから!!」と、かなり強引に神様に押し切られ、モーセはイスラエル人の指導者になることになりました。**

モーセはまず、ファラオのところに行って「えー、ファラオさん。イスラエル人を解放してください。私たちはご先祖さまのアブラハムに与えられたカナンの地に帰りますから」とストレートに言いました。もちろんファラオはそんなこと、すんなりとは許してくれません。イスラエル人がいなくなったら、エジプトは大量の労働力を失うことになるからです。

むしろ「二度とそんなこと言えないようにしてやる」と、イスラエル人たちの労役をさらに重くしました。そのせいでモーセは「モーセが余計なことを言ったせいで労役を増やされてしまった」と、イスラエル人からも恨まれるはめになります。


しかしモーセはめげません。

ナイル川を赤く染める、エジプトの街中をカエルで溢れさせる、家畜を疫病で全滅させる……etc.。**これでもかと神様の力で奇蹟を起こしまくり、ファラオに要求を続けました。**それでもファラオは「ダメだ！」と首を縦に振りません。


そこで神様は驚くべき行動に出ます。**エジプトのあらゆる家の長子を殺してしまったのです。**ファラオでも平民でも囚人でも、家畜でさえも無差別に、それはもう容赦なく殺しました。

ただし、神様の言いつけを守ったイスラエル人の家だけはこの災いを受けずにすみました。このことは「災いが通り過ぎていった」という意味で、「過越《すぎこし》」、英語では“Pass Over”と呼ばれ、今でもユダヤ教では一年で最も重要な祭日として扱われています。

頑固だったファラオも、これにはついに折れて「どこへでも行け」とイスラエル人を解放しました。

めでたしめでたし……と思いきや、ここからが本番。モーセとイスラエル人の40年に渡る「出エジプトの旅」が始まったのです。

モーセの海割り

人間が守るべき10のルール「十戒《じっかい》」

モーセを指導者とするイスラエルの民はエジプトを出発しましたが、

いきなり大きな患難《かんなん》が一行に襲いかかりました。**一度はイスラエル人の解放をOKしたエジプト王ファラオが、「やっぱりやだ。追いかけて捕まえろ！」と、大軍を派遣してイスラエル人一行を追わせたのです。**

とうとう一行は海辺まで追いつめられてしまいました。絶体絶命、まさに背水の陣です。

「ほら、やっぱり多少いじめられてもエジプトに残ってる方が良かったんだ！」

「モーセが余計なことをしたせいで殺されちゃうじゃないか俺たちは！」

「投降してエジプトに帰ろう」

イスラエルの民は口々に不満を叫びます。しかしモーセは

「神様が戦って守ってくれるから大丈夫！　君たち黙って見ていなさい！」

と、神様の言いつけ通り、海に向かって杖を掲げました。するとなんと!!　**海が左右にパッカーーーン!!　と分かれ、道が現れたではありませんか。**これが数々の絵画で描かれ、映画『十戒《じっかい》』では世界の映画史上屈指の名シーンとなった「モーセの海割り」

です。
イスラエルの民は割れた海を歩いて渡りました。その後ろをエジプト軍が追いかけてきましたが、渡っている途中で海が元に戻って、みんな溺れてしまいました。

こうして危機を乗り越え旅を続けていく途中、シナイ山という場所で神様はモーセを山頂に呼び出しました。

「君たちが守るべき決まりを与えるから、取りに来て。これを守ればみんなを祝福するし、守らなければ知らない」

そこでモーセは山に登り、山頂で10の決まり事が書かれた石板を受け取りました。
これが「十戒」です。この十戒の教えは今でもユダヤ教徒やキリスト教徒の間で生き続けています。「十戒」には、ざっくりこんなことが書いてあります。

- ・あなたには、わたし以外に、ほかの神があってはならない
- ・あなたは自分のために偶像を造ってはならない。

・あなたは、あなたの神、主の名をみだりに口にしてはならない。
・安息日を覚えて、これを聖なるものとせよ。
・あなたの父と母を敬え。
・殺してはならない。
・姦淫《かんいん》してはならない。
・盗んではならない。
・偽りの証言をしてはならない。
・あなたの隣人の家を欲してはならない。

――（出エジプト記　20章3〜17節）（抜粋）

さてさて、この出エジプトの旅についてのエピソードは書こうと思えばいくらでもあります。

本当はそんなに遠い道のりではないのに、イスラエルの民は神様を怒らせたので「もう、君たちが生きているうちには到着させてあげない！」と言われ、いろいろと

迂回《うかい》や停滞を余儀なくされ、40年もの時間がかかったからです。

イスラエルの民は、割れた海を渡ってエジプト軍から逃れたあとも「お腹がすいた」「喉が渇いた」「疲れた」「不安だ」と次々に文句を言い、何度もモーセを困らせ、神様の手を煩わせました。

そのたびに神様は「君たち、なんで私を試すようなことばっかり言うの⁉」と怒り、彼らもその場では「すみませんでした」と言うのですが、またしばらくすると不満を言い出すのでした。

神様の予告通り、エジプト脱出を体験した人たちがみんな死んで、すっかり世代交代を終えた頃、イスラエルの民はようやく約束のカナンの地に着きました。

この世代交代の波にはモーセ自身も勝つことができませんでした。モーセはカナンの目と鼻の先まで来ながら、カナンに入ることはできずに亡くなります。そして後継者であるヨシュアを指導者として、この長い旅は終わりを迎えたのです。

この旅はエジプトから脱出する旅でしたが、「脱出」はキリスト教においてなかなか

大切なキーワードです。 この「エジプトからの脱出」のほかに「バビロン捕囚（206ページ）からの脱出」も旧約聖書上、大切なエピソードですし、イエス・キリストのしたことは「人々を罪とその悪影響から脱出させる」ことだからです。

たとえば何か悪い習慣から「脱出」するのはとても難しいことですが、その悪戦苦闘とこの「出エジプト記」に記されているモーセ一行の悪戦苦闘を重ねれば、「いつかモーセのように神様によって脱出できるのだ」と励みになることもあるんです。

豪傑サムソン

いろいろあっても、最後に悔い改める人が救われる

モーセやヨシュアの指導によってカナンに定住したイスラエルの民は、王を立てませんでした。神様が「人間が王様になるってのはあんまり良くない」と思っていたか

らです。しかしその代わりに士師《しし》と呼ばれる人たちが民を導きました。

士師は王とは違って世襲制ではなく、必要に応じて外敵と戦う指導者となったり、裁判官のような役割を担ったりしました。士師の中ではギデオンや女士師デボラなどが少し有名ですが、中でもダントツで有名なのが怪力サムソンです。

彼が生まれるとき、父親が神様から「この子の頭に剃刀《かみそり》をあててはいけない」と言われたので、サムソンはずーっと髪を切ることがなく、ものすごいロン毛の子として育ちました。彼はとてつもない力持ちで、その豪傑さかげんは襲って来たライオンを素手で引き裂いたり、300匹のジャッカルを捕まえて尻尾を結びつけたりと、ちょっと常軌を逸しています。

20年の間、サムソンは士師として敵国の侵攻からイスラエルの民を守り続けました。**しかしそのなかで、デリラという敵国人の女性を愛するようになります。**

「サムソンさえいなければ……」と思っていた敵国の人々は、デリラに頼みました。

「サムソンは女に弱いから、なんとか君から彼の弱点を聞き出してくれないか」

彼女はこれに応じて、床の中でサムソンに聞きました。

「あなたの強さの秘密はなーに？」

　サムソンは3回はウソを教えて身を守りましたが、「これほど私にウソをつくなんて、あなたは私を愛してないのね」と今までより強く秘密を問われるとついに根負けして「僕の髪の毛を切ったら、僕は力が出ない」と本当のことを教えてしまいました。

　そこでデリラが寝ているサムソンの髪を剃り、敵を呼び寄せると、サムソンは本当に力が出ず、兵隊に捕まり、両目を潰されて監獄に入れられてしまいました。


　敵は大喜びで連日、サムソンを笑い者にしました。これに耐えかねたサムソンは神様に祈りました。

「どうかもう一度だけ、私に力を与えてください。私はこの者たちを道連れに死ぬ覚悟です」

　これを聞いた神様はサムソンに力を与えました。そのときにはサムソンの髪は再び長くなっていたと言いますから、かなりの期間、囚われの身だったんですね。

　サムソンは敵の神殿の2本の大黒柱を打ち倒し、神殿を倒壊させました。**そこにいた人はみんな潰れて死に、サムソンもまた神殿の下敷きになって死んでしまいました**

が、これでイスラエルの民は敵国の脅威から解放されたのです。

豪傑サムソンのお話はこれでおしまい。

サムソンって、お世辞にもいい人とは言えません。信仰深いとも言えません。乱暴者で、色に溺れて身を滅ぼしてしまうような人が、どうして聖書に英雄として描かれるのでしょう。

その理由はサムソンの最後の祈りにあります。**過去がどうあれ、今悔い改めるなら神様は赦《ゆる》してくださる。**そういうことをサムソンのエピソードは示しているように思えます。

落ち穂拾いのルツ

神様は、あらゆる民族の神である

聖書の中には、神様が登場しない書もあります。落ち穂拾いのルツが出てくる「ルツ記」です。

あるとき、カナンのベツレヘム（ちなみに後にイエスが生まれる地です）に飢饉《ききん》がやってきて、それを避けるためにモアブという土地に逃げたイスラエル人の一家がいました。夫の名はエリメレク、妻の名はナオミ。夫婦は二人の息子を連れてモアブに着きましたが、夫エリメレクは病気か何かで死んでしまいました。

ナオミは住み慣れない異国でどうにか息子を育て上げ、息子たちはそれぞれモアブ人の奥さんと結婚しました。イスラエル人にとってモアブ人は「異邦人」であり、結婚を禁じられていたのですが、モアブの地にはモアブ人しかいませんから仕方ありません。

ナオミと二人の息子夫妻は仲良く暮らしましたが、なんと不幸なことに、二人の息子もまた病気か何かで死んでしまいました。悲しみにくれたナオミは、故郷であるベツレヘムに帰ることにしました。

しかし、二人の義理の娘を連れて行くわけにはいきません。彼女らにとってベツレヘムは異国の地ですし、夫たちが死んだ以上、今や何の縁もないからです。

そこでナオミは「私は一人でベツレヘムに帰るから、あなたたちはここで新しい花婿を見つけて暮らしなさい」と義理の娘たちに告げました。

しかし、娘の一人のルツは「お義母さんをひとりにはできません！　私も一緒に行きます！」と言って、どうしても聞きませんでした。それでナオミはルツを連れてベツレヘムに帰りました。

ベツレヘムで二人を待っていたのは貧乏生活、いえ、もはや極貧生活でした。それは日々の食べものにも困るほどで、ルツは「落ち穂拾い」をして生計を立てなければなりませんでした。「落ち穂拾い」とは、収穫した麦を運ぶ時に落ちる穂を拾い集める、当時の最も貧しい人のする仕事です。この仕事にお給料は出ませんが、拾った麦はそのまま自分のものにして良いのでした。

ルツは、ナオミの親戚のボアズという人の農園でこの落ち穂拾いを始めます。ボアズは親切な人だったので「ルツさん、喉が渇いたら水瓶の水を好きに飲んでいいよ」と言ってくれましたし、農園の農夫たちには「ルツさんがたくさん拾えるように、わざとたくさん麦を落とすこと!」と命じてくれました。

そんな日々を過ごすうちに、ナオミはルツにボアズとの結婚をすすめます。ルツもボアズもお互いまんざらではなかったので、いくらかの問題はあったとはいえ、何とか乗り越えて二人は結婚。オベデという子どもも生まれます。

このオベデの孫が、次の項でとりあげる、あの有名な「ダビデ王」です。そしてさらに、そこからずーっと先の子孫はイエスです。

イエスの祖先であること以外、これといって重要ではなさそうに思えるルツの話ですが、どうしてわざわざ聖書に書いてあるのでしょう。

嫁姑問題解決の手本として？　違います。

人には親切にしなきゃいけない？　違います。

実はルツがモアブ人であり「異邦人」である、ということが鍵だと言われています。

異邦人ルツの子孫であるイエスには当然「異邦人の血」が入っています。つまり、ここでは神様はイスラエル民族だけを救う神様ではなく、民族を超えたあらゆる人の神様である、ということを示しているんです。

ダビデの下克上

聖書に出てくる人に、完璧な人などいない（ただしイエス様を除く）

ルツのひ孫、ダビデは羊飼いの家の末っ子でした。羊飼いというのは当時のイスラエルで最も身分の低い職業で、そのうえ末っ子となるともう、本当に社会のいちばん下の身分です。

そのころ、サウル王の率いるイスラエル軍はペリシテ人と激しい戦争をしていました。ペリシテ人の軍にはゴリアテという強い巨人がいて、イスラエル軍は敗戦寸前まで追い込まれていました。

そこで「誰かあいつをやっつけられる奴はいないか！」となったときに「はい！じゃあ僕がやります！」と手を挙げたのがダビデでした。**ダビデが石を一つ投げつけると、見事にゴリアテの眉間に命中し、ゴリアテは死んでしまいました。**ゴリアテを倒されたペリシテ人の軍は総崩れして、イスラエル軍は大勝したのです。

この功績によってダビデはサウル王のお気に入りになり、あちこちの戦場で勝ちまくりました。しかし「サウルは千を打ち、ダビデは万を打つ」と、人々の間で自分よりもダビデの方が人気になってくると、サウル王の態度は一変。ダビデを嫌うようになり、あの手この手で殺そうとしてきます。

命を狙われたダビデがサウル王のもとを去ると、イスラエル軍は一気に苦境に陥ります。連戦連勝の側近ダビデを失ったのですから当然です。ついにサウル王は、息子ヨナタンと共に戦死してしまいました。

その後多少のいざこざはありましたが、ダビデはサウルに代わってイスラエルの王となります。このとき、ダビデはまだ30歳でした。

ダビデ王は名君でした。ペリシテ人との戦いも終結させましたし、ほかの民族にも勝って支配下に収めました。内政的にも、ダビデの治世下で民は豊かに暮らしたようです。

しかし。聖書に出てくる人物に、完璧な人なんてイエス様以外にはいません。**ダビデも例外ではなく、晩年に大きな罪を犯しました。**部下の妻であるバト・シェバという女性に恋をし、一夜を共にしてしまったのです。「バレるとマズい！」と思ったダビデはその部下を最前線の戦場に送って戦死させ、バト・シェバを自分のものにしました。……なんという極悪非道‼

しかしダビデはナタンという預言者に諭されて自分の行いを悔い、罪の意識に苦しんで、神様に赦《ゆる》しを乞いました。神様はダビデの悔いた心をみて、彼を赦します。ダビデとバト・シェバとの最初の子は死んでしまいましたが、二人目の子ソロモンはダビデの後を継ぎ、イスラエルの王となりました。

このソロモンの子孫がイエス様なので、新約聖書冒頭の系図には、バト・シェバのこともしっかりと記されています。

このエピソードから分かるのは、「罪の結果さえも、神様は祝福に変えることができる」ということ。**キリスト教は「清く正しい人のための教え」ではなく、「罪人のための教え」であるということが、ここで示されているんです。**

知恵者ソロモン

「知恵」はあっても使いよう

ダビデとバト・シェバの間に生まれたソロモンは、ダビデの後を継いでイスラエルの王様になりました。

ある夜のこと、神様が夢に現れて「ソロモン、君になんでも欲しいものをあげるけど何がいい？」と聞きました。**ソロモンは「お金！」とか「美人の奥さん！」とか「土**

地！」とか現金なことは言わず、「じゃあ知恵をくださいな」と答えました。

神様は「この子はエラい子だ!!」と喜び、「それならいくらでもたくさんあげることにしよう！」と、全力でこの願いを叶えたので、ソロモンは世界の誰よりも頭のいい人になりました。

ソロモンの知恵は周辺諸国にも知れ渡り、あちこちの国の王様やエラい人たちがソロモンを訪ねてイスラエルに来るようになりました。そこでソロモンはその国々と貿易をして国を豊かにしたり、政略結婚をして領土を拡大したりして、イスラエル王国の全盛期を築いたのです。さらに、土木工事もたくさんやって、国のインフラを整えました。

その一方で、自分に知恵を授け守ってくれる神様のこともちゃんと忘れず、神様のための神殿も作りました。

……と、完璧な名君ぶりを発揮するソロモンなのですが、**ここでもいつもの「聖書に完璧な人物はイエス様以外にいない」という法則が出てきます。**

歳をとるにつれ、ソロモンはおかしくなっていきました。土木工事は自分の贅沢のために行われるようになり、神様の神殿よりも立派な御殿を自分のために作りました。生活も贅を極め、享楽にふける日々。それでお金が足りなくなると、国民からの税《ぜい》金を増やしました。

また、政略結婚や貿易によって他国の文化が入ってくると、次第に自分に知恵を与えてくれた神様のことを忘れ、ほかの神々を拝むようになりました。

そのうち神様からも「ダビデに免じて、生きているうちにソロモンから国を奪うことはしないけど、死んだらこの国は分裂させる」と言われてしまいました。そして本当に、ソロモンの死後すぐに王国は北と南に分裂してしまったのです。

若いうちは名君や名将だったのに晩節にその名を汚してしまう英雄って洋の東西を問わずよくいるタイプですが、ソロモンは典型的なそれです。史上最悪なそれかもしれません。

ソロモンはクリスチャンにとって「知恵の象徴」と言ってもいい存在です。「伝道者の書」など、彼が書いたとされる文書はたくさん聖書の中に残されています。しかしそれでも彼はクリスチャンにとって必ずしも手放しで尊敬されている人物ではなく、どちらかと言えば「残念な人」扱いされることも多いんです。

ソロモンは誰よりも知恵があったのに、信仰を保つことができませんでした。それは**「信仰は知恵によって得られるものでも保てるものでもない」**ということを私たちに教えてくれます。

聖書をうんと詳しく熱心に勉強して、誰にも負けない知識を身につけたとしても、聖書学者にはなれるかもしれませんがクリスチャンにはなれません。神様が求めるのは知恵や知識ではなく、謙虚で素直な心なんです。

バビロン捕囚

囚われの80年間が、信仰の礎を作った

ソロモンがいろいろとやらかしたせいで、彼の死後、イスラエルは北の「イスラエル王国」と南の「ユダ王国」に分裂します。ここから、イスラエルの民たちにとって辛い時代が始まります。

まず、北の王国は、神様の言うことを聞かない王様が続き、すぐにアッシリアという国に滅ぼされてしまいました。

一方の南の王国は、良い王様と悪い王様がくり返し登場し、その度に国は良くなったり悪くなったりしていましたが、次第に悪い王様が続くようになります。

そして国が衰えてくると、新バビロニアという国が攻めてきて、首都エルサレムは占領され、ソロモンが神様のために建てた神殿も壊されてしまいました。神殿が壊されるというのは、イスラエルの民にとってとんでもなくショッキングなことでした。

さらに、エルサレムに住んでいた人たちは、敵国・新バビロニアの首都であるバビロンという街に強制移住させられてしまいました。**この強制移住は「バビロン捕囚」と呼ばれ、80年も続きました。**

しかしこの屈辱の80年こそが、イスラエルの民にとって重要な時間となったのです。彼らは反省し、もう一度自分たちの「神の民」としてのアイデンティティを見つめ直しました。

このとき、イスラエルの民の信仰が、後のユダヤ教として確立したと言われています。ユダヤ教はキリスト教のルーツでもありますから、ユダヤ教・キリスト教どちらを語るにしても、この出来事は欠かすことのできない重大な事件なんです。

南の王国の人たちは油断していたんです。**神様の言うことに背きながらも「なんやかんや言っても自分たちは神様に守られているんだし、この土地は神様の約束の土地**

なんだから大丈夫」という楽観論が大勢を占めていました。

エレミヤやエゼキエルといった預言者たちが「君たち、今のままでは神様に見捨てられてこの国は滅びてしまうぞ」と忠告しても、「そんな悲観的になるなよ。今までだって何とかなってきたじゃないか」とあまり気にとめませんでした。

その結果、この重大な事件を招いてしまったんです。

「バビロン捕囚」は、新バビロニアがペルシア帝国のキュロス2世に滅ぼされたことで終わりを迎えます。イスラエル人たちは解放され、故郷のエルサレムに帰り、神殿を再建しました。

このキュロス2世は「異教徒」であったにもかかわらず、聖書の中でちょっと英雄のように描かれ、訳によっては「救世主」と呼ばれたりします。

ユダヤ教の人にとっての「救世主」とは、このキュロス2世のように物理的に自分たちを解放してくれる人物を意味していました。そのため、後にイエスが救世主として現れたときにも「この人は救世主ではない」と、受け入れることができない人も多かったんです。

イエスを裏切ったユダも、この「キュロス型」の救世主を求めていて、それが裏切りにつながったのではないかとも言われています。

ヨブ記

正しい人が、とことんひどい目にあうこともある

聖書の中には「どうしてこんな書が聖書として数えられているのだろう」とか「どう解釈したらいいのだろう」と悩んでしまうような書もたくさんあります。**その「解釈に悩む書」の筆頭とも言えるのがヨブ記です。**この書の解釈についてはたくさんの人がたくさんの議論をしています。この書の研究に一生を捧げる人も少なくありません。

この本ではその解釈に深く入り込むことはしませんが、「そういう書がある」ということを知ることは「キリスト教を知る」上では不可欠かと思いますから、概要をお話しますね。

「ヨブ記」の主人公、ヨブは正しい人でした。とても正しくて非の打ち所がないほどでした。そこであるとき神様は「どうだ。ヨブは正しい奴だろう」と悪魔に自慢しました。すると悪魔は言いました。

「ヨブはたくさんの財産や家族に恵まれているから、あなたに従っているだけですよ。もし彼から財産と家族を奪ったら、きっと彼はあなたに文句を言いますよ」

神様は言いました。

「よし。それならヨブから何もかも奪ってみればいい」

ここから、ヨブの人生は大変なことになります。

ある夜、台風やら盗賊やら雷やらがいっぺんにヨブ家に襲いかかり、ヨブは一夜にして全財産と子ども全員を失ってしまいました。そのうえヨブは重い皮膚病になって、全身が痒くなるばかりか見た目まで変わり果ててしまったのです。

しかし、ヨブは「僕は裸で生まれてきたんだから、裸で神様のところに帰るさ」と、一言も文句を言いませんでした。ヨブの奥さんは「神様を呪って死ねばいい」とひどい言葉をヨブに投げかけましたが、**ヨブは「神様は僕に幸せをくれたんだから、不幸だって受け取らなきゃいけないさ」と、一向に動じませんでした。**

そこにヨブの友人三人がお見舞いにやってきました。文字通り「かける言葉もない」状態だったのでしょう、彼らはじっと黙って7日7晩、ヨブに寄り添って過ごしました。

するとヨブが、それまでの彼からは想像もできないことを語りはじめたのです。「僕なんて生まれて来なければ良かったんだ。神様、どうして僕をお母さんに産ませたんですか。どうして僕を今日まで生かしたんですか」

理由はどうしてか分かりません。とにかくヨブはここに来て、神様への不平不満を言い出したんです。

友人たちはヨブに「君は神様に何か悪いことをしたんじゃないのか？　だったら神様に謝った方がいいよ」とアドバイスをします。これは「AだからBである」という

「因果律」※の考え方によるものです。

しかしヨブは言いました。

「そんなことはない！　僕は悪いことなんてしていない！　神様は理不尽だ！」

友人たちとヨブの問答はだんだんエキサイトして、喧嘩みたいになってしまいました。そこにエリフという人も加わり、議論を終わらせようとしますが、あえなく失敗。ヨブはさらにエキサイトしてしまいました。

あ～、もうどうにもならない！　どうしよう⁉　となったとき……神様がヨブに直接語りかけました。

その内容はとても難しいのでここで正しくは書けませんが、ざっとこんなことです。

「ヨブ、君は自分が正しいと言う。でもそれは君の知っている範囲において正しいということでしかない。君はこの世の何もかもを知っているわけではないし、私の計画を知ってもいない。世界はね、人間を中心に回っているのではないし、まして君を中心に回っているのでもないんだ」

ヨブは神様にひれ伏しました。すると神様はヨブの病気を治し、また家族を与え、前に持っていた2倍の財産をヨブに与えました。

この書は「理由のない苦悩」とか「因果律の否定」とか、そもそも「神様と悪魔が取引をするとは何ごとだ」とか、難しいテーマをたくさん含んでいます。そのため、この本でとりあげるのはやめようかと思うほどだったのですが、しかしキリスト教を語る上ではどうしても欠かせない書ですから、皆さんに「こんな書もあるんです」ということだけはお伝えしたくて紹介しました。難しいし長い書ですが、ハマる人はハマるので、興味のある方はぜひ読んでみてください。

ちなみにこのヨブという人がいつごろに生きた人なのか、聖書には書いてありませんが、アブラハムと同じころではないかというのが一つの有力な説です。

※　すべてのことは何らかの原因から生まれた結果であり、原因がなくては何ごとも生じないという法則のこと。

預言者たち

「救世主」の誕生は預言されていた

旧約聖書の後半を占める「イザヤ書」から「マラキ書」までの「○○書」シリーズは、これまでときどき登場した「預言者」について記した書です。

預言者とは、文字通り「神のことばを預かる人」という意味です。預言者の語ることはすなわち神の語ることであり、預言者と人々の対話は、そのまま神様と人々との対話と捉えることもできます。

ものすごくざっくり言うと、旧約聖書に記されているストーリーはひたすら、**「人が神様に怒られ、反省して更生し、また堕落して怒られ、また反省して更生し……」**の繰り返しです。この繰り返しの立役者になるのが預言者たちです。

預言者にはそれぞれ個性がありますが、面白いのは彼らが必ずしも神様に忠実ではなかったり、優しくなかったりするところです。

たとえば、預言者ヨナは神様に逆らった結果、大魚に飲まれて三日三晩その胃の中で過ごすハメになりました。また預言者エリシャはハゲ頭を子どもにバカにされて怒り、その子たちを熊の餌食にしてしまいました。

このように預言者のストーリーはいろいろありますが、ここでは預言者イザヤについて、少し紹介しようと思います。

イザヤはバビロン捕囚前後に活躍した預言者です。バビロン捕囚前は「みんな、このままじゃこの国、滅びちゃうよ！」と耳に痛い警告を発し続け、バビロン捕囚後は「みんな、希望を持たなきゃいけない。新バビロニアはいつか滅びるし、壊された神殿は再建されるよ」と預言していました。

そして中でも特筆すべきは、イザヤは後に生まれるイエス・キリストについての預言をしているということです。

「僕たちをバビロンから解放してくれる救世主は現れる！　でも、その後に、もっととんでもない救世主が僕たちの血統から生まれるんだよ！」

ざっと要約すればこういうことですが、来るべきキリストの容姿や名前、行動、そして自ら犠牲となって十字架につけられることまで、驚くほど詳しい預言をしています。

「怒られ、更生し、怒られ、更生し」の無限ループから人間は解放されるのだ、という希望を示したのがイザヤなんです。

旧約聖書と新約聖書は成立年代が何百年も違います。ですから両者を「別々の本」と理解している方も少なくありません。

しかし実際はこのように、旧約聖書の中には新約聖書への伏線がいくつもあり、新約聖書には「旧約の伏線回収」エピソードがたくさん出てきます。旧約聖書と新約聖書は時代を超えて著された「一つの本」なんです。

旧約聖書の時代にイエス様はまだ生まれていませんが、だからといってイエス様が出てこないというのは誤解です。旧約聖書の語ることを注意深く読めば、そこにもここにもイエス様への道が繋がっていることが分かります。そういう不思議な本なんです、聖書って。

マリアの受胎告知

マリアの「素直さ」はみんなのお手本

これまで旧約聖書をダイジェストしてきましたが、ここから新約聖書に入ります。新約聖書を開きますと、最初にひたすら「系図」がずーっと続きます。「〇〇に●●が生まれ、●●に△△が生まれ……」というぐあいに、アブラハムからイエスに至るまで合計42代の血縁関係の繋がりが示されているのです。

なんでいきなりこんな系図があるのかというと、イエスがアブラハムの子孫として生まれたことを示すためです。

また、旧約聖書を読んだ人にとってはこの系図は「前回までのあらすじ」の機能も果たします。アブラハム、イサク、ヤコブ、ボアズ、ルツ、ダビデ、ウリヤの妻（バト・シェバ）、ソロモン……と、この本をここまで読んでくださった方ならすでにご存知の名前がたくさん含まれています。

さて、この系図の最後に出てくるヨセフという人の奥さんが、あの有名なマリアさんです。

第1章にも書いた通り、カトリックでは「聖母マリア」と呼んだりして、かなり特別な扱いをしますが、プロテスタントでは特別に扱ったりはしません。「イエス様を産んだのはすごいけど、それ以外は普通の女の人」という認識です。**このマリアの扱い方が、カトリックとプロテスタントの大きな違いの一つでしょう。**

ある日、マリアのもとに突然、天使ガブリエルがやってきて告げました。

「おめでとうマリアさん！　あなたのお腹に子どもができたよ‼」

これを聞いたマリアは驚きます。当たり前です、ヨセフと婚約はしていたものの、まったく身に覚えがなかったんですから。

それで「えー！　ありえないですよ！　だって私は処女ですよ！」と答えました。

ガブリエルは言いました。

「神様にできないことはないんです。神様があなたに子どもを授けたんです。だからその子は神の子です」

マリアはとても素直な娘だったので、「神様が言うのなら。その通りになりますように」とすぐに納得しました。

このときのマリアの態度はクリスチャンの模範であるとされています。

とても信じられないことが神様によって起こったとき、人は自分の知識や常識に囚われて「そんなわけがない！」と否定したり「どうしよう！」と狼狽したりしてしまいがちです。しかしマリアは否定も狼狽もせず、「その通りになりますように」と神様の奇蹟を受け入れ、そして不安も神様に任せました。

現実問題、マリアはかなり不安だったはずです。もちろん初めて子を産む不安もあったでしょうが、結婚前に子どもができてしまったなんてことが人に知れたら当時の法律では姦通罪《かんつうざい》で死刑にされてしまうんですから。

神様はこのような素直な心をとても喜びます。後にイエス様も「子どもみたいな素直な心じゃないと、天の国にはいけないよ」と言っています。

子どものように受け入れ、子どものように信じる心。これを取り戻すのは大人になってしまった私たちにはとても難しいことですけれど、そのように信じなさいと聖書は教え、マリアはその模範を示してくれるんです。

イエスの誕生

波乱万丈の「救世主」誕生

イエスを身ごもり、臨月を迎えたマリア。**出産に備え安静にしたい時期ですが、なんと夫のヨセフとともに徒歩で約1日かかる距離を大移動していました。**

なぜそんなことになったかというと、ローマ皇帝が「戸籍を作るために住民登録をするから、みんな自分の出身地に帰って登録をするように！」と言い出したからです。当時のイスラエルはローマ帝国に支配されていて、人々はみんなローマ皇帝の言うことを聞かなくてはいけませんでした。

そんなわけで、住んでいたナザレから故郷のベツレヘムを目指していた二人ですが、**困ったことに旅の途中でマリアが産気づいてしまいました。**

子どもを産める宿を確保しなくては！　と、ヨセフは奔走しましたが、皇帝の命令によって、たくさんの人が自分の出身地に帰る旅をしていましたから、どこの宿も満室でした。今で言う「ホテル不足」に陥っていたんです、当時のローマ帝国は。

なんとかヨセフは「馬小屋でよければ泊めてあげるよ」という宿屋さんを見つけ「砂漠の真ん中で産むよりはマシだろう」という思案の結果、マリアはそこで子どもを産みました。この子どもがイエス・キリストです。

イエスの誕生を最初に知ったのは、ちょうどそのとき宿屋の近所にいた羊飼いたちです。彼らは神様から「君たちのための救い主が生まれたよー。そこの馬小屋にいるから行ってお祝いして！」と言われ、馬小屋にやってきました。

羊飼いは当時、社会の中で最も身分の低い職業でした。**神様は、最も身分の低い人たちに、いちばん先に救い主の誕生を教えたんです。**これは「イエスによる救いは身分も血筋も関係なく、あらゆるみんなのための救いなんだ」という、神様からの宣言なんです。

また同じころ、東の方から博士たちがエルサレムにやってきて、当時エルサレムを治めていたヘロデに言いました。

「あの、この地方で救い主が生まれたと聞いたんですけど、どこにいますかね？」

ヘロデは内心「救い主なんて出てきたら僕の地位があぶなくなるじゃんか。今のうちに殺してしまわねば」と思いつつも、「ベツレヘムで生まれたみたいだから、ちょっと先に行って詳しくその子について調べてきてくれる？　あとから僕も行って拝みたいから」と、博士たちを送り出しました。

イエスを見つけた博士たちは当時とても貴重だった「黄金・乳香・没薬《もつやく》」のプレゼントを贈り、そのまま東の国に帰っていきました。神様から「ヘロデのところに戻ってはダメだよ」と言われていたからです。

さらに神様はヨセフにも「ヘロデがこの子を殺そうとしているから、エジプトに逃げて」と伝えます。それでヨセフとマリアはイエスを連れて、エジプトに逃げました。

いつまでたっても博士たちが戻ってこないので、ヘロデは「あいつら、裏切ったな」と、とても怒りました。

「このままではその救い主とやらが成長してしまう！　まずい！」と焦ったヘロデは「ベツレヘム周辺の2歳以下の男の子を全部殺せ」と命令。本当にその地域の2歳以下の男の子は、みんな殺されてしまいました。これは「ヘロデの虐殺」として有名な事件で、後に多くの画家によって描かれました。

ヨセフ一家はヘロデが死ぬまでエジプトで暮らし、その後もともと住んでいたナザレに戻りました。ヨセフは大工だったのでイエスも大工になり、そこで30歳まで過ごしました。

バプテスマのヨハネ

洗礼を受ける意味

バプテスマ（洗礼）のヨハネという人がいました。ヨハネはヨルダン川で「神様の国がもうすぐ来るから、悔い改めなさい」と言って、人々にバプテスマを授けていました。

私たちクリスチャンはみんな、クリスチャンになる洗礼のときにこのバプテスマを受けます。形式は教会によって、頭の上に水をピッピッと振りかける方式や、水槽に全身をザブンと浸ける方式などがあります。ヨハネはヨルダン川で「全身をザブン」方式でこれを行っていました。

ヨハネは言いました。

「自分は血筋が良いから救われる、なんて思ってはいけない。血筋なんて神様はいくらでも作れるんだから。だからちゃんと神様の前で悔い改めて、その証としてバプテスマを受けなさい」

さらにヨハネは言いました。

「みんな僕を何かすごい人みたいに思ってるかもしれないけど、僕なんか全然大したことないからね。このあとやってくる人に比べたら、僕なんてその人の靴ひもを解いてあげる価値さえない」

そして、やがて本当にその「すごい人」イエスがヨハネのところにやってきました。

イエスはヨハネに言いました。「ヨハネさん、僕にバプテスマを授けてくださいな」

ヨハネは答えました。「とんでもない！　あなたは私からバプテスマを受ける必要なんてない人です。むしろ私があなたからバプテスマを授けて欲しいくらいです」

しかしイエスは言いました。「いいから授けてくださいな。神様の言うことは、僕も全部やりたいんです」

それでヨハネはイエスをヨルダン川にザブンと浸して、バプテスマを授けました。

すると天が開けて、神様の声が聞こえました。

「これはわたしの愛する子。わたしはこれを喜ぶ（マタイの福音書　3章17節」

これはちょっとくだけた意訳をすればこういうことです。

「君は今から私の子として、私の保護下に入ったんだよ。すごく嬉しい。これから私は君を全力で守るから安心してね」

これは今でも多くの教会で、洗礼を受けた人に向けて読まれることばです。**神様は洗礼を受けた一人ひとりに「これから君を全力で守るから安心してね」と言ってくださるということです。**

イエスの奇蹟

悪魔は「常識」をささやき、神様は「とんでもないこと」を命じる

実は、イエスが救世主として活動を始めてから十字架につくまでの期間、いわゆる「公生涯《こうしょうがい》」は、わずか3年ほどしかありませんでしたが、これは前項のヨハネによるバプテスマから始まりました。

ヨハネから洗礼を受けたイエスは荒野に行き、そこで40日40夜の断食をしました。その途中で悪魔がやってきて**「お腹すいたでしょう？　パンがなきゃ死んじゃうよ」「神様っているの？」「お金や権力って欲しいよね？」**などとイエスを誘惑しようとしましたが、イエスはまったく動じません。それどころか「引き下がれ！　サタン！」と、悪魔を追い払いました。

悪魔の誘惑に勝ったイエスは、旅に出ます。人々に自分の存在を知らせ、救うための旅です。旅の途中、イエスは教えを話したり、たくさんの奇蹟を起こしたりしました。それによって十二使徒をはじめ、たくさんの人を弟子にしました。**聖書には「信徒になった」とは書いてありません。「弟子になった」と書いてあるんです。**

イエスが最初に起こした奇蹟は、ちょっと意外ですが「酒造り」でした。

カナという場所で、結婚式に参加したイエス。ところが大変まずいことに、結婚式の途中でワインがなくなってしまいました。当時の結婚式は1週間くらいぶっ続けで宴会を行うものだったのですが、その途中で料理やお酒が足りなくなるのは一家の「末代までの恥」とされていたんです。

そこでイエスは水から特上のワインを造り、披露宴のホストを助けてあげました。これにより一家は「末代までの恥」どころか「末代までの誉れ」を得たのです。

イエスはこのほかにも死人を生き返らせたり、病人を治したり、パンを増やしたりと、様々な奇蹟を行いました。

奇蹟を起こすとき、イエスは人々に「そんなことして何になるの?」と普通の人なら思うようなことを命じます。しかし、それに素直に従うと、ちゃんと奇蹟が起こるんです。

実は、これも聖書の大事な教えです。イエスの弟子となり、神様の保護下に入ったなら、「水がワインになるわけない」とか「人が生き返るわけがない」といった「常識」に縛られず、まずは信じてやってみる。もうちょっと意訳すれば「常識で無理だと諦めるな! 神様を信じてやってみろ!」ということを、聖書は言っているんです。

一方で、悪魔がささやくのはある意味で「常識的」なことです。悪魔は「常識」や「欲望」や「恐れ」を巧みに刺激して「無理だよ。できっこないよ。やめておけよ」と言います。

しかし「そんな悪魔を無視して信じるときに道は開けるものなんだから進め!」と、聖書は教えるんです。

最後の晩餐

みんながイエスを裏切った

3年ほど旅を続けて、イエスはイスラエルの首都エルサレムにやってきました。人々は棕櫚《しゅろ》の葉（ヤシの葉みたいなもの）を振ってイエスを歓迎しました。

エルサレムには、パリサイ人という「イエスの宿敵」がいました。彼らはそれまでユダヤ教の宗教的指導者として権威を持っていたのですが、イエスが折にふれては「君たちは分かっていない！　君たちは偽善者だ！」とその権威を否定したので、イエスを忌々しく思っていたんです。

さらにイエスがだんだん民衆に慕われるようになると「あいつめ、僕たちをないがしろにして……」と、ほとんど殺意に近い感情を抱くようになっていました。

それで彼らはイエスがエルサレムに入ると「なんとかしてあいつをとっちめてやろう。なんなら殺しても構わない」と、作戦を練りました。そして、イエスの12人の使徒の一人であるユダに銀貨30枚を渡して、イエスを裏切るように言いました。

数日後の木曜日に、レオナルド・ダ・ヴィンチの絵でも有名な「最後の晩餐」が行われました。イエスと12人の使徒たちが夕食を食べていると、イエスが言いました。

「この中に僕を裏切る人がいます！」

使徒たちはビックリして「え？　それは私ではないですよね？」「僕でもないですよね？」「私が裏切るわけないでしょう！」と口々に言いました。ユダも同じように「私ではありませんよね」と言いましたが、イエスは「いいえ、君です」と答えました。**イエスはユダが裏切ることを知っていたんです。**

ユダはその部屋から出ていき、ローマ兵のところに行って「イエスの居場所を教えます」と告げました。

晩餐のあと、イエスは側近のペテロ、大ヤコブ、ヨハネの三人を連れてゲッセマネの園というところにお祈りに行きました。そして三人に「僕がお祈りしてる間、寝ないでここで待っててね」と言いつけて、一人で園の奥に入ってお祈りしました。
実はイエスは自分が十字架刑で殺されてしまうことも前から知っていましたし、そうなるように自分からエルサレムにやってきたのです。
しかしこのとき、「十字架は怖いし嫌だ」と人間としての正直な心を神様に打ち明けています。この祈りもイエスが「100％神であると同時に100％人間でもある」と解釈される理由のひとつです。

イエスがお祈りを終えると、そこにユダがローマ兵たちを連れてやってきてイエスを捕らえました。しかしイエスを裏切ったのはユダだけではありません。**「私は裏切りません」とさっきまで口々に言っていた弟子たちも、みんなイエスを置いて逃げてしまったんです。**

ユダはこのあと「僕はなんてことをしてしまったんだ」と自分の行いを悔いています。そして「お金は返すからイエス様を返してください」とパリサイ人に頼みに行きますが、パリサイ人は「ダメだよ」と応じませんでした。

罪の意識に苛《さいな》まれたユダは、自らの命を絶ってしまいました。

ユダが本当に悔い改めたのか。神様は彼を赦《ゆる》したのか。これはクリスチャンの間でも教派や考え方によって議論の分かれるところです。

十字架

聖書の最重要クライマックス　その1

ローマ兵に捕まったイエスはパリサイ人のところに連れていかれましたが、当時のエルサレムはローマの支配下にありましたから、彼らが勝手にイエスを処刑することはできません。**それで彼らはイエスを、この地方にローマ帝国から派遣されていた総督ピラトのところに「こいつは悪い奴ですから死刑にしてください」と連れていきま**

した。

ピラトは「この人は特に死刑にするほどの罪人ではない。でも、死刑にしないとこの民は自分に反発するだろう」と思いました。

しかし自分で手を下すのは嫌だったので、ガリラヤを治めていたヘロデのところにイエスを送りました。イエスの故郷のナザレは彼の統括地だったからです。このヘロデはイエスが生まれたときに、イエスを殺そうとしたヘロデの息子です。

しかしヘロデも「自分で処刑するのはまずい」と思ったのか「やっぱりピラトさん、これはあなたの管轄ですよ」と、イエスを送り返しました。

それでも、やっぱりピラトは、イエスを処刑するのは気が進みませんでした。そこで「私とヘロデと、どちらが調べても、イエスには死刑に値するような罪はなかった。だから鞭打ちの刑くらいで良くない？」と民衆に問うてみました。

しかし民衆はすでにパリサイ人の煽動によって非常にヒートアップしていて「死刑にしろ！　十字架につけろ！」と叫びました。

ピラトは「本当に君たち、そう思うの？　それで良いの？」と3回も聞きましたが、いよいよ民衆は暴動を起こしそうなほどに熱狂的になっていったので、ついにやむなく**「分かった。イエスを十字架につける。だけど君たちの責任だからね。僕の責任ではないからね」**と、イエスの処刑を決めました。

わずか1週間足らず前に、棕櫚《しゅろ》の葉を振って歓迎したはずのイエスを、民衆はどうしてこんなにも責めたのでしょう。

理由の一つは彼らが「バビロン捕囚」のときに登場したキュロス2世のような、「物理的に自分たちを解放してくれる救い主」をイエスに期待していたからです。ローマから自分たちを解放してくれると思っていたイエスが、ローマ兵に捕まったので「期待ばっかりさせやがって。嘘つきめ！」とイエスに失望したんです。

自分たちの思い通りに行かないと、手のひらを返してそれまでチヤホヤしていた人間を叩きまくる。これは現在の私たちにも心当たりのあることではないでしょうか。

こうしてイエスは十字架につけられました。

十字架を見物していた人たちは「神の子なら十字架から降りてみろ」とか、さんざんイエスに罵声を浴びせます。それを見たイエスは祈りました。**「神様、彼らをお赦《ゆる》しください。彼らは自分が何をしているのか、分かっていないんです」**

イエスは最後に神様に問いました。

「神様、私を見捨てるんですか」

この言葉の解釈はまた議論の分かれるところです。自分自身が神ならそんなこと言わないだろう⁉　と疑問を抱く人もいます。

しかしここも**「100%神であり、なおかつ100%人間である」**というイエスの在り方を知れば腑《ふ》に落ちます。

イエスは朝9時ごろに十字架につけられ、午後3時ごろまで苦しみました。**そして最後の最後に「完了した」と言って息を引き取りました。**イエスは人々の罪を赦すため、その身代わりとして自分が十字架について死ななければならないことを知っていました。それで「完了した」と言ったんです。

復活

聖書の最重要クライマックス　その2

イエスは十字架にかけられて死にました。死の瞬間、まだ午後の3時ごろだったのにもかかわらず、天は真っ暗になり、神殿の幕がまっぷたつに引き裂けました。

これらの出来事やイエスの最後の態度を見た人たちは「この人は正しい人だった」と悲しみながら家路についたそうですが、時すでに遅しです。イエスは死んでしまったんです。その事実はどうにも変わりません。

ヨセフという人が（イエスの父ヨセフとは別人です）ピラトに頼んでイエスの遺体を引き取り、丁重に葬りました。この日は金曜日でした。翌日土曜日は安息日だったので何ごとも起こらず、弟子たちをはじめ、イエスの周りの人たちはただ悲しみの中で過ごしました。

さらに翌日の日曜日のこと、イエスの弟子だった女性たちがイエスの墓に行くと、墓のフタが開いていました。フタと言っても大岩ですから、そう簡単に転がるようなものではありません。不思議に思った彼女たちが墓の中に入ってみると、なんとイエスの遺体がなくなっていました。

「墓泥棒か⁉」と慌てた彼女たちでしたが、そこに天使がやってきて言いました。

「イエス様はよみがえったんだよ。イエス様も前から言ってたでしょう？　よみがえるって。だからもうこのお墓にはいないよ」

それを聞いた彼女たちが「早く弟子のみんなに伝えないと！」と走り出すと、そこによみがえったイエスが現れて「おはよう」と言いました。「私はよみがえった！」とか「私は死なない！」とかいう仰々しい言葉ではなく「おはよう」と言ったんです。

彼女たちはそんないつも通りのイエスの姿に泣いて喜びました。

イエスは彼女たちに「ほかの弟子たちにガリラヤに行くように伝えておいて。そこで会えるから」と、伝言を頼みました。弟子たちは半信半疑で、しかし言われた通りにガリラヤに向かいました。

そして、よみがえったイエスに会ったのです。最初は「幽霊じゃないの⁉」と信じなかった弟子たちも、イエスが焼き魚を食べる様子を見て「幽霊とかじゃない！　本当に生きてる！　よみがえってる！」と信じました。

しかしトマスという弟子だけは、かたくなに疑いました。「どうしても信じられない‼　その人がイエス様とは思えない！　イエス様だと言うなら、十字架で槍《やり》に刺された脇腹の傷に、僕の指を突っ込ませてください！」とまで言い出し、このせいでトマスは後世、「疑いのトマス」と呼ばれるようになりました。

イエスは言いました。

「トマス、指を突っ込んで信じるなら突っ込んでいいけど、突っ込んで信じるよりも突っ込まないで信じる者になりなさい」

トマスはこれを聞いて「あぁイエス様だ！」とついに信じました。よく絵画では、トマスがイエスの脇腹の傷に指を突っ込む姿が描かれていますが、このように聖書では実際に突っ込んではいないんです。「突っ込みますよ」と言っただけで、ギリギリ踏みとどまっているんです。しかし突っ込んだ方が文字通り「絵になる」ので、トマスはすっかり「イエスの傷に指を突っ込んだ人」ということにされてしまいました。

イエスはしばらく弟子たちと一緒に過ごしたあと、彼らに**「私の教えたことを、全世界の人に知らせなさい」**と命じ、天に昇りました。そして今でも生きていて、父なる神様の右に座っています。

旧約・新約を通して「聖書でいちばん大切な箇所はどこ?」と聞かれたら僕なら迷わず「復活」と答えます。復活は数ある聖書の奇蹟の中でも、最も信じにくいものかもしれません。クリスチャンでも教派によって、この復活を事実として信じるか、あくまで比喩や象徴として捉えるかで意見が割れています。しかし、僕は事実としてこの復活を信じています。

聖書というのは「イエスの十字架と復活について書いてある本」と言っても過言ではないと思います。聖書に記されているほかのたくさんのエピソードはすべて、この一点に向かい、この一点のために記されているんです。

この本を読む多くの人にとってたしかにキリスト教は「数ある思想の一つ」でしかないかもしれません。それを否定はしませんが、クリスチャンにとって、少なくとも僕にとってそれは**「数ある思想の一つ」ではなく「唯一無二の福音」**なんです。

キリスト教ではこの「福音」という言葉をよく使います。新約聖書の、イエスの生涯が記された書も「福音書」です。よくこの言葉は「素晴らしい教え」のような意味に誤解されていますが、そうではなくてこの言葉は「良い報《しら》せ」「グッドニュース」という意味です。私たちクリスチャンが広めるべきは「教え」よりもこの「イエスが復活した」という「グッドニュース」なんです。

ニュースは押し付ける必要はなく、ただ相手に伝えればいいだけです。ですから僕もこの本を読む人に教えを「押し付ける」気はありません。ただこのグッドニュースを「知って」欲しい、いえ、「ちょっとでも興味を持ってもらえたら嬉しい」だけです。

使徒たちの話と手紙と黙示録

ストーリー以外の部分に書いてあること

イエスは復活して、天に昇りました。これで旧約聖書から続いてきた聖書の「メインストーリー」は終わりです。

しかしここから先の「使徒の働き」にも「〇〇の手紙」シリーズにも「黙示録」にも大切なことはたくさん書いてあります。ですからザッとそれらの書に何が書いてあるかを紹介して（ここまでも十分すぎるほど「ザッと」なのですけれど）この章を終わろうと思います。

「使徒の働き」あるいは「使徒行伝《ぎょうでん》」はイエスが昇天したあと、残された弟子たちが「使徒」としてどのように「教会」あるいは「キリスト教」を建て上げていったかが書いてある書です。いろいろな弟子たちが登場しますが、特に重要なのはペテロとパウロです。

ペテロは福音書では「ドジっ子」な弟子でしたが、イエスの昇天後は弟子たちみんなの頼れるリーダーになりました。有名なバチカン市国の「サンピエトロ大聖堂」はこのペテロの名前をとった教会です。

パウロはもともとサウロという名前で、クリスチャンたちを迫害した人でした。しかしあるとき、神様に「どうして私の弟子たちをいじめるの⁉」と叱られて回心し、それからはパウロと名前を変えて、誰よりも熱心な使徒となりました。「キリスト教はパウロによって作られた」という人もいるくらい重要な人物です。

その手紙の内容が記されているのが、このあとに続く「〇〇の手紙」シリーズで、使徒たち（大部分はパウロですけど）が各地方の信徒たちに宛てて書いた手紙が集められています。そこには当時の教会で起こった諸問題への対処方法や、クリスチャンが日々どのように生きなければいけないか、などが書いてあります。結婚式でよく読まれる「愛は寛容であり、愛は親切です。また人をねたみません……」と続くあの箇所は、このシリーズのうち「コリント人への手紙」の一部で、パウロが書いたものです。

聖書の最後は「ヨハネの黙示録」です。聖書は大部分が過去のことを記した本です。**しかしこの「黙示録」だけは、未来のことが書いてあります。**そこには私たちが死んだあとどうなるのかとか、この世界は今後どうなるのかといったことが書いてあります。「ハルマゲドン」という言葉が出てくるのはこの書です。

黙示録は未来について書いてあるので比喩的な表現が多く、理解が非常に難しいです。理解が難しいのを利用して、自分に都合良く解釈して勝手なカルト教団を作ってしまう人も後を絶ちません。本職の牧師さんや神父さんたちでさえ、頭を抱えてしまうほど難しいのがこの黙示録です。

読む場合は「分からなくてもともと、当たって砕けろ！」くらいの気概で読むのが良いかと思います。無理に分かろうとしなければ、それなりに興味深く読める書でもあります。一度は読んでみてとりあえず「よく分からんけどなんかすごい！」とは思っていただきたいなーなんて思います。

おわりに

は――――っ！　終わった！　長かった‼

思えばこの本の企画が持ち上がってから今日に至るまで、なんやかんやとトラブルがあったり世の中が想定外の事態に襲われたりして、1年の月日が流れてしまいました。それでもこのように、皆様の手元にこの本が届いて、そして読んでいただける日が来たこと、とても嬉しく思います。

でもですよ。本文にも書きましたように、神様は1600年も費やして聖書を書いたんです。改めてとんでもないスケールの本だなと思います。神様がかけた1600年に対して、僕がかけた時間はたったの1年ですから、この本が聖書の魅力の1600分の1、いやせめて16000分の1でも皆様にお伝えできていれば何よりの幸せと思います。

謎はロマンだ！

本屋さんでこの本を見つけてくれた皆様は「お、この本を読んだらキリスト教のことが分かりそうだぞ」と思ってくださったのかもしれません。

でも、この本を読み終えた今、もしかしたら「読む前より疑問が増えてしまったぞ……」と思っているかもしれません。しかし冒頭の「この本のルール説明」にも書きましたが、聖書やキリスト教は「疑問を持ってはいけない」ものではないんです。

もしこの本でキリスト教に対する疑問が増えたなら、むしろそれは僕には嬉しいことです。

「疑問を抱く」ということはすなわち「知りたいと思う」ということです。

たとえば好きな人のことは「好きな食べものは何だろう？」とか「休日は何をしているんだろう？」とか「どんな子ども時代を過ごしたんだろう？」とか、あれこれ知りたくなったりしますけど、嫌いな人のことは「知りたい」なんて思いませんよね。

そもそもこの本自体、「疑問」からできました。担当編集の方のA４用紙何枚にも及ぶ「疑問集」からこの本の企画は始まったんです。

「キリスト教って守らなきゃいけないことが多いんですか?」とか「イエス様って人間なの? 神なの?」とか「信じて楽しいものですか?」などなど、打ち合わせの場で何時間も話し合ったりして、そうやって出来上がった本です。

ですから「聖書に疑問を持ってはいけない」なんて言ってしまったら、そもそもこの本はこの世に存在しなかったわけです。

僕はときどき、大学などで臨時講師をさせていただいたりするんですけれど、ほぼ毎回学生さんたちに伝えることは「謎はロマンだ!」です。疑問を適当に「既存の知識や研究」に押し込めてロマンを封じてしまってはもったいない。そのロマンゆえに、学問は楽しいし有意義です。

そして聖書はほかのどの本よりも「謎=ロマン」の多い本です。「世界一ロマンに溢れた本」とあえて僕はここで断言します。

ですからもしこの本で少しでも聖書に「謎=ロマン」を感じてくださったなら、どうかこれから少しずつでもそのロマンを追求してみてください。きっとそこには神様の祝福があるでしょうし、それでクリスチャンになる・ならないは関係なく、聖書は皆様の生き方や心のあり方を良い方向に変えてくれるはずです。

聖書は探検すればするだけ、必ず財宝がザクザクでてくる「宝島」なんです。そして疑問こそがその宝を掘るためのツルハシです。

「価値観の狭間」の時代に「揺らがない価値観」を

この本はいろいろなトラブルに見舞われて、1年もの時間をかけることになってしまったと先ほど書きました。つまり発売が何度も延期になったということなんですけれど、僕はそれをまったく悪いことだと思っていません。聖書にこんなことばがあります。

> 神のなさることは、すべて時にかなって美しい――――(伝道者の書　3章11節)

「あらゆることのタイミングを決めるのは神様であって、その計画を信頼すれば、そのタイミングが完璧であることが分かりますよ」というような意味なのですが、僕は今このことを、この本を通じて痛感しているところです。

2020年、世界全体で大きな価値観の転換が起こっています。それは皆様十分にご存知であろう、新型コロナウイルスのためです。

家で一人で過ごすことが増えて、今まで「他人と自分との関係」ばかりを重視していたのに、改めて「自分自身のあり方」を見直した方も多いかと思います。

これからテレワークなどももっと当たり前のことになるでしょうし、そういったインフラと生き方の改革によって「他人との関係」というのも少しずつそのあり方を変えていくことでしょう。

そしてそれはそのまま「自分自身のあり方」も変わっていくということです。

そんな「価値観の狭間」の時代に、ちょうどこの本を出せる運びとなったことは、まさに神様の計画なんだろうと、僕はそのように信じています。

人類の歴史は何千年にもなりますが、その中には何度も「価値観の変化」がありました。昨日まで是とされたものが、今日から否とされるような劇的なパラダイムシフトは、決してこのコロナウイルス禍が初めてのことではなく、歴史上何度もあったことです。

しかしその中で、聖書は決して変わることなく、同じ価値観を提示し続けてきました。教会には時代によっていろいろなことが起こったとはいえ、教会の根底にある聖書は決して揺らぐことはなかったんです。

そのような「揺らがない価値観」をこの「価値観の狭間」の時代に皆様にご紹介できたこと、これはまさに神様の与えてくれたタイミングなんだろうと感じています。

「偶然じゃないの？」と言う方もいるかもしれません。

そもそもキリスト教は「偶然」という考え方をしないんです。だって何か良いことがあったときに「偶然だよ」と思うのと「神様が意味をもって与えてくれたことだ」と思うのと、どちらが幸せだと思いますか？

いろんな答えがあるかもしれませんが、少なくとも僕は自信を持って後者であると即答します。

つまり、僕がこのタイミングでこの本を書いたことも、それを皆様が手に取ってくださっていることも、偶然ではないということです。意味のあることなんです。僕にとっては、ですけどね。

そして皆様に感謝を！

さて、そろそろ本当におしまいにしたいと思います。

担当編集さん、出版エージェントさん、イラストレーターさん、校閲さん、印刷会社さん、書店さんはもちろん、行き詰まったときに一緒に飲みに行ってくれた友人や、執筆中の夜食を買いに行くと「今夜も頑張ってるね」と声をかけてくれたコンビニの店員さんに至るまで、もちろん今これを読んでくださっているあなたも、この本に関わってくださったあらゆる人に感謝します。

そして僕のために祈り続けてくださっていた上馬キリスト教会の渡辺牧師をはじめ、ツイッターの相棒のＬＥＯＮや教会の皆さんにも心からの感謝を伝えたいと思います。

何より、この本を書く道を開いてくださり、必要な知恵をあの手この手で与えてくださり、気力も体力も人より弱い僕を叱咤し続け力を与え続けてくださり、不安になったときは慰めてくださり、いつも必要な助けを与えてくださり……と、とてもこここでは書き尽くすことのできないことをしてくださった、主なる神様に感謝し、その御名を心より褒め称えます。

皆様の心のどこかに、これからイエス様と聖書の居場所ができるなら、それがたとえ小さな場所であっても、これほど嬉しいことはありません。

それでは皆様、お名残惜しゅうはございますが、いずれまた何かの機会に。

主にありて

MARO

キリスト教をもっと深く知るためのオススメ本

この本を書くにあたって、たくさんの文献を参考にしました。ここではその中でも特にお気に入りの本を「オススメ参考文献」として皆さんに紹介します。「😐」はちょっと難しかったり、読むのに難儀する本、「🙂」は比較的すんなり読みやすい本です。あくまで僕の主観的な感想ですけれど。ご参考までにどうぞ。

聖書

「聖書」だけでも、こんな風にいろいろあります。僕がメインに日々読むのは『聖書 新改訳２０１７』ですが、共同訳、口語訳、文語訳などを読み比べてみるのも面白いですし、ときには英語の聖書を参照してみると、日本語では分かりにくかった箇所がすんなり理解できたりすることもあります。

😐**『聖書 新改訳２０１７』**（いのちのことば社）

😐**『聖書 聖書協会共同訳』**（日本聖書協会）

🙂**『リビングバイブル』**（いのちのことば社）

🙂**『小説「聖書」旧約篇』**ウォルター・ワンゲリン（徳間書店）

🙂**『小説「聖書」新約篇』**ウォルター・ワンゲリン（徳間書店）

僕の〝師匠〟の本

僕の所属する上馬キリスト教会の渡辺牧師の本です。これらの本、特に「神学生活入門」は穴のあくほど読んでいます。

😐**『神学生活入門』**渡辺俊彦（イーグレープ）

🙂**『ギリシャ語の響き』**渡辺俊彦（イーグレープ）

難しいけど、読み応えのある本

かなり難しいので「キリスト教にちょっと興味でてきたかな」くらいの方にはオススメしませんが、「キリスト教！ かなり興味あるぜ！」な方にはかなりオススメの硬派な本です。『旧約聖書一日一章』はそれほど難しくはないですが、文字通り「一日一章」なので読破までには年単位の時間がかかります。

『旧約聖書一日一章』榎本保郎（主婦の友社）

『雪ノ下カテキズム』加藤常昭（教文館）

『キリスト教の確かさ』小林和夫（日本ホーリネス教団出版部）

聖書とは直接関係ないけど、聖書やそれに関連する考え方を学ぶのに最適な本

どれもいわゆる「難しい本」ですが、一応読みやすい順に並べてみました。中でも『パンセ』は個人的にとてもお気に入りで、僕の「座右の書」です。しかもツイッターやフェイスブックの投稿のような書き方になっていて、想像よりはかなり読みやすいのでオススメです。そのほか、ギリシア哲学のソクラテス・プラトン・アリストテレスあたりを読んでみると、イエス様の生きた時代の人々の価値観が見えてきたりもしますから面白いですし、中国思想なら孔孟思想より老荘思想の方が聖書にも親和性が……と、すみません。哲学科出身で哲学大好きなので、語り出すと止まらなくなりますからこのくらいにしておきます。

『パンセ 改版』パスカル（中公文庫）

『ツァラトゥストラはこう言った』ニーチェ（岩波文庫）

『幸福論』ヒルティ（岩波文庫）

『死に至る病』キェルケゴール（岩波文庫）

『純粋理性批判』カント（岩波文庫）

聖書に興味を持った方にまずオススメの超ロングセラーな「名著」

三浦綾子さんはクリスチャンの立場から、阿刀田高さんはノンクリスチャンの立場から、分かりやすく聖書を解説してくださっています。

『旧約聖書入門』三浦綾子（光文社文庫）

『新約聖書入門』三浦綾子（光文社文庫）

『イエス・キリストの生涯』三浦綾子（講談社文庫）

『旧約聖書を知っていますか』阿刀田高（新潮文庫）

『新約聖書を知っていますか』阿刀田高（新潮文庫）

番外編：あなただけの「参考文献」

この本を書く上で、教会での説教や、日々思い浮かんだこと、祈ったことなどを書きためた、かれこれ20年分のメモがとても役に立ちました。こういうのは長く書きためれば書きためるほど、自分だけの何よりの「参考文献」になってくれますからオススメです。本文にも書きましたように、最初は「今日の小さな幸せ」を書いてみるだけでも良いんです。

［著者］
MARO（上馬キリスト教会ツイッター部）
1979年東京生まれ。慶應義塾大学文学部哲学科、バークリー音楽大学CWP卒。キリスト教会をはじめ、お寺や神社のサポートも行う宗教法人専門の行政書士。
キリスト教ではない家に生まれ、23歳のときに洗礼を受けた「クリスチャン１世」。ツイッターアカウント「上馬キリスト教会（@kamiumach）」の運営を行う「まじめ担当」と「ふざけ担当」のまじめの方でもある。2015年2月からキリスト教を面白おかしく紹介しはじめたところ10万人以上のフォロワーを獲得した。
「ふざけ担当」LEONとの共著に『上馬キリスト教会の世界一ゆるい聖書入門』『上馬キリスト教会ツイッター部の世界一ゆるい聖書教室』（ともに講談社）がある。

著者エージェント：アップルシード・エージェンシー
http://www.appleseed.co.jp/

上馬キリスト教会ツイッター部の
キリスト教って、何なんだ？
――本格的すぎる入門書には尻込みしてしまう人のための超入門書

2020年７月29日　第１刷発行
2024年３月25日　第４刷発行

著　者――MARO（上馬キリスト教会ツイッター部）
発行所――ダイヤモンド社
〒150-8409　東京都渋谷区神宮前6-12-17
https://www.diamond.co.jp/
電話／03･5778･7233（編集）　03･5778･7240（販売）

ブックデザイン―三森健太（JUNGLE）
本文イラスト―ナミサトリ
DTP ―――茂呂田剛、畑山栄美子（エムアンドケイ）
校正―――内田翔
編集協力――望遠瞭
製作進行――ダイヤモンド・グラフィック社
印刷・製本―勇進印刷
編集担当――金井弓子（kanai@diamond.co.jp）

ISBN 978-4-478-11085-0